U0451905

让我讲一个关于节日的故事给你听　我亲爱的孩子

很想和你过个节

给孩子讲传统节日

周慕白 ◎ 著

中国纺织出版社
国家一级出版社
全国百佳图书出版单位

内 容 提 要

新年守岁、元宵赏灯、清明扫墓、端午竞渡、中秋赏月、重阳观菊、腊八吃粥……本书将一个个多姿多彩的古老民俗一一呈现，将传承已久的传统节日娓娓道来。丰富而意义深远的传统节日是我们中华民族的集体记忆，让我们重温节日的仪式感，感悟节日传承的文化内涵。

图书在版编目（CIP）数据

很想和你过个节：给孩子讲传统节日 / 周慕白著. —北京：中国纺织出版社，2018.11（2019.2 重印）
ISBN 978-7-5180-5394-0

Ⅰ.①很… Ⅱ.①周… Ⅲ.①节日—风俗习惯—中国—青少年读物 Ⅳ.①K892.1-49

中国版本图书馆 CIP 数据核字（2018）第 211427 号

策划编辑：顾文卓　　特约编辑：金　彤
责任校对：武凤余　　责任印制：储志伟

中国纺织出版社出版发行
地址：北京市朝阳区百子湾东里A407号楼　邮政编码：100124
销售电话：010—67004422　传真：010—87155801
http：// www.c-textilep.com
E-mail：faxing@c-textilep.com
中国纺织出版社天猫旗舰店
官方微博http：// weibo.com / 2119887771
北京佳信达欣艺术印刷有限公司印刷　各地新华书店经销
2018年11月第1版　2019年2月第2次印刷
开本：710×1000　1/16　印张：10.5
字数：109千字　定价：36.80元

凡购本书，如有缺页、倒页、脱页，由本社图书营销中心调换

前 言

中华文明源远流长，涌现出璀璨无比的各类文化，如瓷器文化、丝绸文化、科学文化等。其中，尤以节日文化与广大劳动人民息息相关，且影响深远。

究其原因，笔者认为，传统节日所反映的正是一个民族最显性最基本的特征。因此可以这样说，若想了解一个国家的前世今生，了解一个民族传承已久的生活习性，就应该去了解它的传统节日，对于青少年来说，如何快速地了解自己的国家，了解自己的民族文化，传统节日就显得尤为重要。

舜即位之初，在某一日举行祭天大典，祈求风调雨顺，国泰民安，后来人们便把这一天称为岁首，也就是现在我们所说的春节；在一片柳色青青之中，晋文公祭祀自己的忠臣义士介子推，后来人们便争相效仿，慢慢也就演变成了祭祀已故先人的清明节，再后来也成为青年男女郊游踏青的日子；古代民众对忧国忧民的先贤的追慕，凝结成了对大夫屈原的纪念，这才有了长盛不衰的端午节；古代劳动人们对土地的崇拜，对风调雨顺的年年渴望，也才成就了祭祀土地神的社日节；古人对远古神话的好奇，女子对心灵手巧的看重，又形成了中国的情人节七夕节，又叫乞巧节；古人对月亮的崇拜，对团圆的渴望，对丰收的喜悦与感激，又凝结在了中秋赏月之时……

而历代的文人通过诗词来歌咏节日，更是让这些传统节日增添了无限的外延和文化内涵。

清明节时，杨柳依依，细雨蒙蒙，我们吟唱着"借问酒家何处有，牧童遥指杏花村"，要在江南的烟雨中去醉一场；当农历三月三日气象一新时，青年男女结伴出游，我们又会多情地吟出"三月三日天气新，长安水边多丽人"；社日节时，乡亲邻里欢聚一堂，祭祀土地爷，当酒足饭饱、夕阳西下时，我们又说"桑柘影斜春社散，家家扶得醉人归"；七夕节时，我们为牛郎织女祈福，愿天下有情人终成眷属，说出"两情若是久长时，又岂在朝朝暮暮"，来包容人世间的一切美中不足；中秋节时，我们斟满酒杯，祝福彼此，许下"但愿人长久，千里共婵娟"的美好愿望；重阳节时，我们又登高远眺，思念家乡，又会说出"独在异乡为异客，每逢佳节倍思亲"的那一份孤独；当新的一年即将来临时，我们又一起辞旧迎新，脱口吟出"千门万户曈曈日，总把新桃换旧符"，在一片炮竹声中迎接新的一年。

历史的车轮滚滚前行，尤其是当下的中国，经济持续发展，进一步融合到世界一体化的大潮之中，情人节、圣诞节等正以一种全新的理念，融入我们的日常生活中来。

笔者写下了这本书，希望广大的青少年了解我们的传统文化，了解本民族多姿多彩的传统节日，了解我们文化的传承、发展以及她的多元化和包容性。无论怎样，这些节日都融入我们中华民族的集体记忆，不应被我们忘却。

周慕白
2018年8月1日于苏州

目 录

春　节 …………………… 001

元宵节 …………………… 013

社日节 …………………… 023

上巳节 …………………… 031

寒食节 …………………… 039

清明节 …………………… 047

端午节 …………………… 057

七夕节 …………………… 067

中元节 …………………… 081

中秋节 …………………… 089

重阳节 …………………… 099

冬至节 ……………………………………… *109*

腊八节 ……………………………………… *117*

小年节 ……………………………………… *125*

附录：外国部分传统节日 ……………… *133*

  元旦 ………………………………… *134*

  情人节 ……………………………… *137*

  愚人节 ……………………………… *140*

  母亲节 ……………………………… *144*

  万圣节 ……………………………… *147*

  感恩节 ……………………………… *150*

  圣诞节 ……………………………… *154*

参考文献 ………………………………… *158*

春节

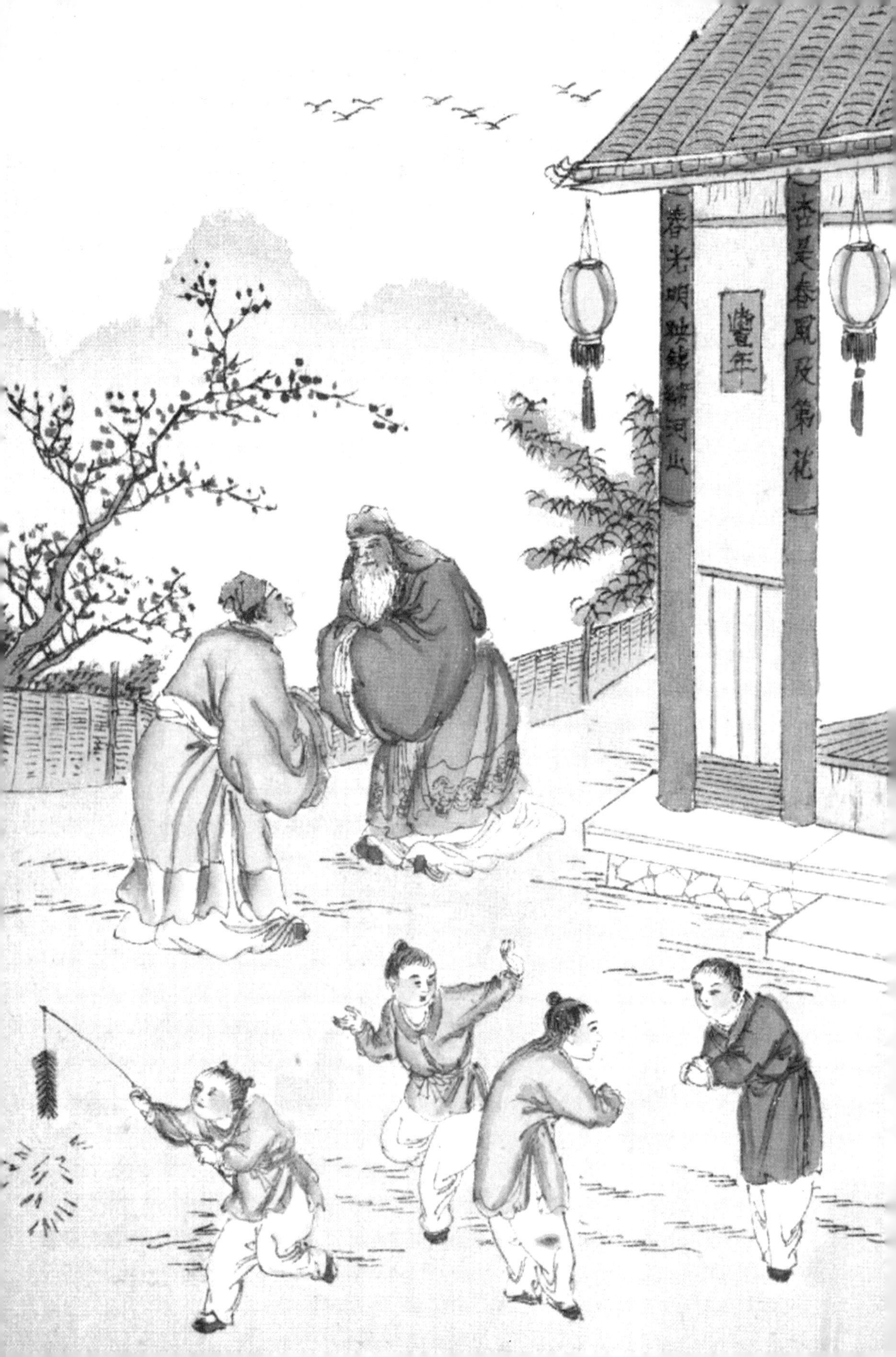

豐年
杏是春風及第花

初岁元祚，吉日惟良。

乃为嘉会，宴此高堂。

尊卑列叙，典而有章。

衣裳鲜洁，黼黻玄黄。

清酤盈爵，中坐腾光。

真膳杂遝，充溢圆方。

笙磬既设，筝瑟俱张。

悲歌厉响，咀嚼清商。

俯视文轩，仰瞻华梁。

愿保兹善，千载为常。

欢笑尽娱，乐哉未央。

皇家容贵，寿考无疆。

——《元会诗》

新一年的开始，真是个良辰吉日。在这高高的殿堂之上，举行美妙的宴会，以庆祝这新的一年。每个人按地位高低的顺序依次坐好，井然有序，符合朝廷的典章礼仪。所有人都身穿光鲜亮丽的衣服，上面绣着华美的纹饰。美酒盛满了酒杯，主座的位子流光溢彩，升腾着光芒。桌子上面摆满了各色美味佳肴，品种丰富，应有尽有。大厅之中还摆放了各种乐器，筝瑟齐全。歌声随之响起，众人一边聆听欣赏，一边咀嚼着美食，口有余香。俯视堂前，只见满是华丽多姿的马车，仰观屋宇，满眼皆是雕梁画栋。但愿此情此景，千年如常。欢歌笑语之声四起，众人皆尽情娱乐。皇家荣华富贵，万寿无疆。

这首诗是才高八斗的曹植所写，反映的便是曹魏时期一场盛大的元会礼。曹植以他出众的文采，描绘出了这场规模宏大且隆重的盛会，它礼仪庄重、宴饮欢畅、音乐和美。

那么，"元会"究竟是什么呢？古时皇帝于元旦朝会群臣，称为"元会"。而曹植所处的曹魏时期，"元旦"即正月初一，也就是我们现在所说的春节。

春节，俗称过年，也就是农历正月初一，新的一年的第一天，也是一年中的第一个节日，代表着辞旧迎新，是每一位中国人心中最重要的传统节日。

在这里，有一点需要跟大家说清楚，古时候过年可不叫"春节"，而是叫着元日、元旦、元正、岁旦、岁首、新正等，春节是1949年新中国成立以后的叫法。

根据史料记载，中国人早在四千多年前就已经开始过春节了。

关于春节的起源有很多种说法，其中，"舜创立了春节"是影响力最大并被广泛接受的一种。

在四千多年前的华夏大地上，部落联盟首领尧老了，开始物色接班人，他找到了善良且至孝的舜。舜在尧的举荐和民众的拥戴之下，继承了尧的位子。一天，舜带领着臣民举行大规模的祭祀天地的活动，以祈求上天保佑风调雨顺，国泰民安。从此以后，人们便把这一天当作是岁首，即年，就是新的一年的开始，也就是我们现在所说的春节。

那"年"这个称呼又是怎么来的呢？

年，繁体字写作"秊"。根据《说文》中的解释，秊，就是收成、五谷成熟的意思。单从这个字的字形上来看，就是人头上顶着沉甸甸的谷子，象征着庄稼成熟了，取得了丰收，所以，《谷梁传·桓公三年》上就说了：五谷都成熟了就是年。

显然，年的意思来源于农业生产，古时候人们把谷物的生长周期称为年，一个生长周期就是一年。

夏商时代产生的历法，我们称它为夏历。夏历规定，以月亮圆缺的周期为一个月，一年共划分为十二个月，第一个月就是元月，也叫正月。每月以看不见月亮的那一天为朔日，正月朔日的子时，也就是晚上12点，称为"岁首"，即一年的开始。人们在这一天里，一般都会举行各种各样隆重的活动来辞旧迎新，由此，年复一年地积累成"过年"的习俗，进而形成了我国别具特色的年节文化。

关于"年"的概念，其实还有一个广为流传的说法：

据说，在很久很久以前，有个名为"万年"的小伙子，他看到当时指导农业生产的节令十分混乱，一会儿说这样，一会儿又说那样，搞得农民伯伯们无法种田，甚至会错过耕种的大好时节。作为一个有志青年，他便有了定准节令的打算。

有一天，万年上山砍柴，累了便坐在树荫下休息。当他看到眼前的树影在太阳底下移动时，突然有了灵感，设计出了一个测量日影的日晷仪，用来测定一天的时间。经过反复思考和多次观察，他有了对天时变化的重新认识，还掌握了测量的全新方法。后来，万年看到了山崖上的滴泉，观察到每一滴水间隔的时间是一样的，而每一天的滴水次数也一样，于是他又受到了启发，动手做了一个五层漏壶，用来计算时间。经过天长日久的重复测量，万年惊奇地发现，原来每隔三百六十多天，春夏秋冬就会轮回一次，昼夜的长短也就跟着重复一遍。

当时的国君名叫祖乙，也常常为节令不准而感到苦恼，对天气的风云变幻无法预测而深感无奈。万年知道后，立马带上自己研制的日晷仪和漏壶面见国君。万年侃侃而谈，滔滔不绝，将自己多年的观察心得全盘说出，讲清了日月运行和四季变化的循环规律。祖乙听完后非常高兴，当即请万年留下来，并为他修建日月阁，筑起了日晷台和漏壶亭。不仅如此，他还派了十二位童子服侍万年，希望万年能够继续努力，进一步推算出准确的日出日落时间，创建出完整的历法，为农业生产作指导，造福天下黎民。

就这样，万年在日月阁全心投入到历法的创建中去。春去秋来，年复一年，终于制定出了准确的历法。当他把历法呈献给继任的国君时，已是白发苍苍的老人了。国君大为感动，为了纪念万年创立历法的伟大功绩，国君便将这部历法命名为"万年历"，定一月初一为节。

我们都知道，春节俗称"过年"。

那这是为什么呢？其实，这来源于一个有趣的民间故事——熬年守岁。

传说，在远古时期，有一种叫做"年"的凶猛野兽，它体型庞大，外形恐怖狰狞，生性十分残暴，居住在深山之中，以食肉为生。

它无肉不欢，小到蚂蚁苍蝇，大到狮子老虎，凡是飞禽走兽，它想吃什么就吃什么，肆无忌惮，丝毫没有约束。最可怕的是，它还喜欢吃人类，妇女小孩一不留神便入了"年"口。长此以往，当地百姓人心惶惶，非常惧怕"年"。

人们意识到"年"的巨大威胁，便开始想方设法地对付它。

经过长期地观察，人们逐渐掌握了"年"的活动规律——原来，它每隔365天就会来到人类居住的地方，抓走一个活人吃掉，并且每次来都是在天黑之后，等到天一亮，它就会回到深山中。

因此，人们就把"年"来的时间称为"年关"。在年关这天晚上，家家户户都会紧闭大门，用心做好晚餐。由于凶吉未卜，这顿晚餐往往十分丰盛，全家老小围坐在一起，共享这一顿晚餐，这就是我们现在所说的除夕之夜。

在吃晚餐之前，人们往往还会祭祀祖先，祈求祖先神灵的庇护，保佑一家人能够平安地度过这一夜。晚餐结束后，人们谁也不敢睡觉，因此，一家人便围着火炉坐在一起，熬夜聊天，这就是我们现在所说的熬夜守岁。

"年"虽然凶猛无敌，但当时的人们也观察到了它的许多弱点，比如害怕红色、害怕响声、害怕光亮等。因此，这天夜里，人们会在自家门前挂上鞭炮、大红灯笼，随着噼里啪啦的鞭炮声响起，"年"也就不敢靠近人们的宅院了。

到了第二天早上,"年"终于离开了村庄,回到了深山。人们平安地度过了这一夜,都欣喜不已,纷纷打开大门,再次点燃鞭炮表示庆祝,孩子们更是穿着大红色的新衣服,欢快地载歌载舞。

无论是为了纪念先贤万年,还是为了驱赶年兽,中国人自古以来就非常重视春节,上自帝王将相,下到平民百姓,都对这一节日充满感情。

唐太宗李世民就对春节很重视,他在《守岁》一诗中这样写道:

> 暮景斜芳殿,年华丽绮宫。
> 寒辞去冬雪,暖带入春风。
> 阶馥舒梅素,盘花卷烛红。
> 共欢新故岁,迎送一宵中。

日暮时分,斜阳照在华丽的宫殿上,新的一年即将到来,旖旎的宫苑显得更加美丽动人。寒冷退去,冬雪消融,暖风吹来,春意盎然。梅花的香气舒展开来,溢满了整座假山石阶,巨大的红烛点燃,远远看上去,像一簇簇花团一般。君臣在一起欢宴饮酒,喜度良宵,辞旧迎新。

贞观年间,国家由破败凋敝逐渐走向繁荣强大。作为"贞观之治"的缔造者,李世民当然心满意得,于是,便出现了在除夕守岁时皇宫内外喜迎新年的热闹景象。

面对辞旧迎新的传统节日,唐代大诗人张说在《幽州新岁作》中也欢喜地写道:

> 去岁荆南梅似雪,今年蓟北雪如梅。
> 共知人事何常定,且喜年华去复来。
> 边镇戍歌连夜动,京城燎火彻明开。
> 遥遥西向长安日,愿上南山寿一杯。

去年的这个时候，荆南的梅花好似雪花，今年冬来，蓟北的雪花犹如梅花。人们都知道人事的变迁难以预料，那就暂且欢迎这美好的年华再次降临吧！今天夜里，戍守边镇的将士们都在彻夜狂欢，载歌载舞，想必此时京城长安的篝火也会彻夜燃烧吧！我面向西边，遥望着长安，美酒一杯，祝愿我大唐千秋万载，繁荣昌盛。

张说在这除夕之夜，也不忘祝福大唐，可见他忠君报国的人生理想。

但中唐时期的诗人元稹，在新年第一天就无限伤感了，他在《岁日》一诗中这样哀叹：

一日今年始，一年前事空。
凄凉百年事，应与一年同。

这是新的一年开始的日子，也是过往一年诸事成空的日子。人生百年，都是一样凄凉，今年应该也是一样吧！

写这首诗时，想必元稹仕途失意、人生失意，由此才写出这样一种空虚幻灭的情感，这实在是一种消极的人生态度。

但具有这种消极思想的显然不止他一个人，还有唐代诗人来鹄，他在除夕之夜也借由《除夜》一诗发出了这样的感慨：

事关休戚已成空，万里相思一夜中。
愁到晓鸡声绝后，又将憔悴见春风。

无论是欢乐还是忧愁，不论是幸福还是祸患，都已经成空了，在今夜，我思念着万里之外的一个人。只是相思却不能想见，这让我忧愁不已，待到那雄鸡报晓之声停止以后，我知道，新的一年已经来到，我又得以这满脸的憔悴去见那春风了。

在除夕之夜大发感慨的还有大诗人高适，他在《除夜作》一诗中说：

旅馆寒灯独不眠，客心何事转凄然。
故乡今夜思千里，霜鬓明朝又一年。

我独自在旅馆里躺着，寒冷的灯光照着我，久久难以入眠。究竟是什么事情让我这个游子的心里变得凄凉悲伤呢？今夜，故乡的亲人们一定也在思念千里之外的我，我的鬓发已经变得斑白，到了明天又将是新的一年了。

这首诗写的便是诗人除夕之夜依旧远在他乡，不能回乡与家人团聚，故而惆怅不已。

宋代时，春节依旧热闹繁华，人们辞旧迎新，张灯结彩，燃放爆竹，一派祥和的气氛。大诗人王安石在他那首著名的《元日》一诗中说：

爆竹声中一岁除，春风送暖入屠苏。
千门万户曈曈日，总把新桃换旧符。

伴随着阵阵的爆竹之声，旧的一年已经过去了，和暖的春风吹来了新的一年，人们开怀畅饮着新酿的屠苏酒。初升的太阳照耀着千家万户，人们都在忙着把旧的桃符取下，换上新的桃符。

这应该算是描写春节的最著名的一首诗了，它为我们描绘了一幅热闹欢腾、万象更新的动人景象，传达出一种积极向上的奋发精神。

要说写这首诗时，王安石的心情是大好啊！公元1067年，宋神宗继位，立马起用王安石为江宁知府；1068年，王安石上书宋神宗主张变法；1069年，宋神宗任命王安石为参知政事，主持变法。同年新年，王安石见家家户户都忙着过春节，联想到自己变法后开始的新气象，心情有点小激动，便创作出了这首诗。

明清时期，随着社会经济的发展，春节更加热闹，人们的兴致也更加

高昂。不信你就看看清代著名学者赵翼,他在《除夕》一诗中就讲了:

> 烛影摇红焰尚明,寒深知已积琼英。
> 老夫冒冷披衣起,要听雄鸡第一声。

红烛摇晃,红焰明亮,映得室内喜气洋洋,夜已经很深了,想必外面的积雪也应该很厚了吧!老夫我冒着寒气披衣起床,定要听那新的一年雄鸡的第一声啼叫。

一直到今天,人们依旧还保留着除夕之夜一家团聚守夜的习俗,并且家家户户都会放鞭炮,既热闹又喜庆。

除了除夕守夜、放鞭炮之外,春节期间还有许多民间活动,而这些活动都围绕着一个共同的主题,那就是"辞旧迎新"。

为了辞旧迎新,从农历腊月初八开始,人们便熬上一锅热腾腾、香喷喷的腊八粥,不仅驱赶腊月的寒冷,也迎接春节的到来。民间就有这样的歌谣:"小孩小孩你别馋,过了腊八就是年。"过了腊八,家家户户都开始采办年货了。

到了腊月二十四日,人们便开始打扫房子。"尘"与"陈"谐音,所以"除尘"也就是"除陈",人们将房间的里里外外都打扫得一尘不染,过去的霉运、晦气也就跟着被扫地出门,自然迎来新的一年干净清新的好运。

腊月三十便是除夕,这一天,全国人民都和家人团聚,一起吃着年夜饭。到了凌晨,人们便纷纷放起鞭炮,迎接新一年的到来。

到了正月初一,为庆祝新一年的到来,人们不仅要放鞭炮,还要在门上贴上新写的春联、新画的年画,挂上喜庆的大红灯笼,窗户上也要倒贴上"福"字,寓意着"福到了"。

接着,便是拜大年的时间,一般从大年初一到十五不等。拜年不仅要拜家中成员,更要走亲访友。拜年时,长辈一般会给晚辈一定数额的"压岁钱",所以,小朋友们最喜欢穿上新衣服到处拜年了。

爆竹聲中除舊歲

天光

随着社会的发展，如今兴起了电话拜年、短信拜年、微信拜年等，即使没有亲自走访，也非常热闹喜庆。

不过，春节的习俗也和地区有关，比如，我国北方人过年都喜欢吃饺子，而南方人则喜欢吃汤圆。

春节对于中国人的意义，远远不只是一个节日，而是代表着家乡、亲人与团聚。如今每逢春节，离乡外出的人们便归心似箭，从全国各地回到家乡，与家人团聚。怎么过不重要，重要的是，一定要和家人一起过！

今天，不仅是中国人会过春节，海外各地的"唐人街"也会隆重庆祝春节。朝鲜、韩国、越南、新加坡、马来西亚等亚洲国家，也把春节视为非常重要的传统节日，每年都要隆重庆祝。

元宵节

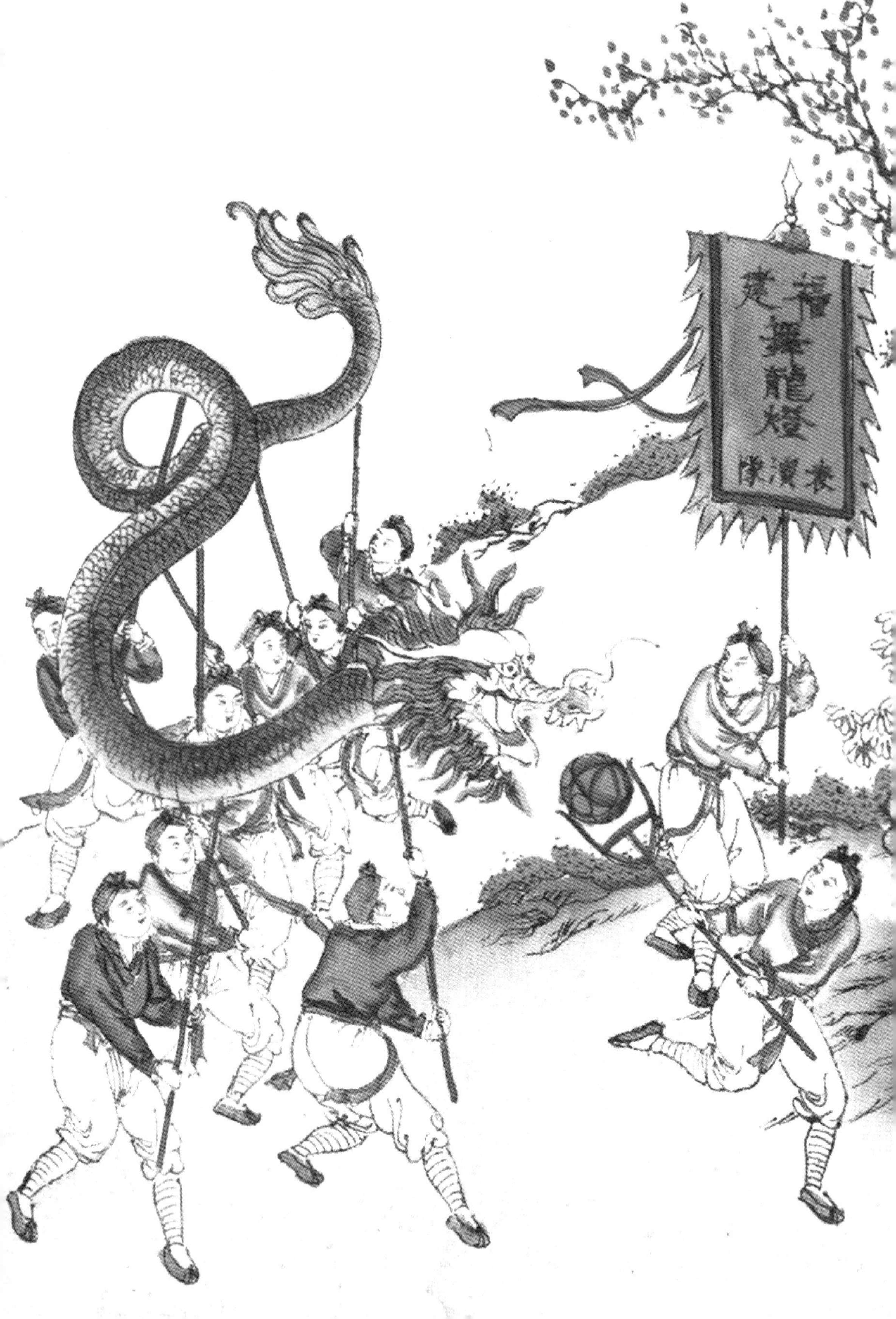
福建
舞龍燈
表演隊

> 火树银花合，星桥铁锁开。
> 暗尘随马去，明月逐人来。
> 游伎皆秾李，行歌尽落梅。
> 金吾不禁夜，玉漏莫相催。
> ——《正月十五夜》

正月十五日月圆之夜，洛阳城中灯火璀璨，处处皆是火树银花的景象，平时紧闭的城门此刻也打开了。那微小的尘土随着马蹄声一路而去，明月伴随着佳人一路走来。游赏其中的歌女们个个打扮得花枝招展，艳若桃李，边走边唱着时兴的曲子《梅花落》。宫中的禁卫军特许今夜通宵欢庆，那计时的漏斗就不要再催促天快亮了呀！

这是武则天时大宰相苏味道写的一首诗，描写的是神都洛阳正月十五日夜的情景。据说当时女皇武则天面对满城的欢庆场面，一时间来了兴致，命令文士作诗，搞了一场诗歌比赛，而苏味道的这首诗正是当时的夺魁之作，深受后人的喜爱与推崇，成语"火树银花"就来源于这首诗。

根据刘肃《大唐新语》中记载：武则天的时候，正月十五日夜，神都洛阳举行大型活动，全城挂满了花灯，午夜宵禁的规定也取消了，特许老百姓夜间出门行走，一时间观灯者人山人海。当时，武则天身边的文士数百人争相写诗来记录这件盛事。其中，以苏味道、郭利贞、崔液三人所写的诗最好。但郭利贞、崔液二人所写的诗早已被人们淡忘，唯有苏味道这首诗传诵不绝。

而正月十五日夜，正是我们现在所说的元宵佳节。

元宵节，又称上元节、元夕，是春节之后的第一个重要节日，时间为农历正月十五日夜。

我们先来说说它的来历。

相传，元宵节是汉文帝为纪念"平吕"而设立的。

汉高祖刘邦去世之后，吕后的儿子刘盈登基，就是汉惠帝。惠帝生性懦弱，优柔寡断，大权渐渐地落到吕后的手中。汉惠帝病死之后，吕后更是独揽大权，重用吕氏家族中的人物，要把刘氏天下变成了吕氏天下。朝中老臣以及刘氏宗室对此深感不满，但都惧怕吕后的残暴不仁，敢怒却不敢言。

吕后病死后，吕后的家族以及党羽惶惶不安，害怕遭到刘氏与朝中老臣的伤害和排挤。于是，他们在上将军吕禄家中秘密集合，共谋作乱，以便彻底地夺取刘氏江山。不料这件事传到刘氏宗室齐王刘襄的耳朵里去了，为了保住刘氏江山，刘襄决定起兵讨伐吕后的党羽。随后，他与开国老臣周勃、陈平取得联系，设计解决了吕禄等人，"诸吕之乱"终于被彻底平定。

平定之后，大臣们拥立刘邦的第二个儿子刘恒登基，他就是汉文帝。文帝深感太平盛世来之不易，便把平息"诸吕之乱"的正月十五日，定为与民同乐的日子。每逢此夜，汉文帝必定出宫游玩，与民同乐。京城长安则家家张灯结彩，以示庆祝。从此，正月十五日夜便成了一个普天同庆的节日。

在我国古代的历法当中，正月就是农历的元月，而古人称夜为"宵"，因此，人们便把一年中第一个月圆之夜正月十五日称为元宵节。

关于元宵节的习俗，除了吃元宵之外，那就是观灯了：大街小巷，城内城外，家家户户张灯结彩，门上都挂满了大红灯笼。青年男女们结伴同行，游走其间，赏灯、猜灯谜，笑逐颜开，好不热闹。但其实，元宵节点灯的习俗并不是从一开始就有的，而是从东汉明帝时才开始的。

东汉明帝时期，汉明帝提倡佛教，他听说佛教有正月十五日点灯敬佛的做法，于是，他命令这一天夜晚在皇宫和寺庙里也点灯敬佛，汉明帝自己则亲自到寺院张灯，以示礼佛。并且他还下令：无论是贵族官员还是平民百姓，在这一天夜晚都得挂灯。自此以后，元宵节挂灯便蔚然成风，慢慢形成了元宵赏灯的习俗，唐宋以来，更是盛极一时。

　　隋朝时，挂灯赏灯的习俗渐渐变得隆重起来，尤其是到了隋炀帝时期。隋炀帝杨广一生都喜爱大场面，做任何事情都喜欢超过前代，最好是达到前无古人后无来者的地步。

　　据《隋书》记载，元宵节这一天，周边各个小国争相派遣使节来隋朝拜。为了招待这些使者，隋炀帝下令搭建了一座戏台。这个戏台有多大呢？比现在的国家大剧院还大。其中，奏乐的人就多达一万八千人，参加歌舞的人更是达到了几万人之多。就这样，几万人在一起通宵达旦，尽情玩乐，共度元宵佳节。

　　对于这次元宵盛会，隋炀帝杨广感到无比骄傲与自豪，毕竟向各国使节展现了隋朝的强大与繁荣。为此，他还专门写了一首诗，叫做《元夕于通衢建灯夜升南楼》，为我们描绘了当时的情形：

　　　　法轮天上转，梵声天上来。
　　　　灯树千光照，花焰七枝开。
　　　　月影疑流水，春风含夜梅。
　　　　燔动黄金地，钟发琉璃台。

　　佛家的法轮在天上转起来，佛家的唱经声也仿佛从天上而来。挂满灯笼的树好似有千万束光照在上面，如花一样的火焰从枝头绽开。皎洁的月色朗照着大地，如同是流水一般，春风拂过，带来了夜间梅花开放的香气。在金碧辉煌的宫殿内燔在转动，琉璃台上敲响了洪亮的钟声。

　　在唐朝初年，由于统治者受道教的影响，称正月十五日夜为上元节。

　　道教中，正月十五日为上元，七月十五日为中元，十月十五日为下元，分别是道教中天官、地官和水官的诞辰。

　　唐朝时，由于国力空前强大，元宵赏灯的习俗自然也就十分兴盛，无论是长安、洛阳等大都市，还是规模一般的乡镇地区，处处可见张挂彩灯。人们还学会了制作巨大的灯轮、灯树和灯柱，一眼望去，满城都是火树银花，繁华热闹。尤其在开元盛世，那是真正的万国来朝，一派泱泱大国的辉煌景致，当时的长安城已是拥有百万人口的世界级大都市，不光有大唐子民，还有不少来自于西域的胡人，往来于长安与西域之间做生意。社会富庶，国泰民安，皇帝心中自然也十分高兴，亲自倡导上元灯节，元宵节也就越来越繁华热闹。

唐代大诗人张祜写有一首《正月十五夜灯》，为我们详细描绘了当时热闹的场景：

千门开锁万灯明，正月中旬动帝京。
三百内人连袖舞，一时天上著词声。

正月十五日，千门万户，灯火通明，街上游人如织，车水马龙，京城一时间热闹非凡。无数宫女在翩翩起舞，人间的歌舞乐声直冲云霄，可直传到天上去。

大诗人白居易也作诗《正月十五日夜月》，赞美了江南杭州的元宵佳节：

岁熟人心乐，朝游复夜游。
春风来海上，明月在江头。
灯火家家市，笙歌处处楼。
无妨思帝里，不合厌杭州。

去年庄稼大丰收，老百姓心里真高兴，到了正月十五日这一天，白天出门游玩，晚上又来赏灯夜游。春风吹拂，来自于不远处的海上，明月升起，悬挂在钱塘江的上空。家家户户张灯结彩，楼宇连绵，处处都是笙歌之声。何必去思念京师长安的灯会呢？杭州的上元佳节也是不令人厌倦的呀!

到了宋代，由于两宋时期经济的繁荣，市民阶层兴起，并不断壮大，元宵节也就发展成了最热闹的世俗狂欢节，灯节活动更加丰富多彩，元宵赏灯也由原来的一天变为了五天，灯的样式也繁复多样，逛灯市更是一件十分赏心悦目的事情，成了男女老少都喜爱的活动。那时还兴起了猜灯谜，就是将各种灯谜写在纸条上，再贴到花灯上，若是有人猜中的话，还能得到小小的奖励。一时间，这种娱乐益智活动受到广大文士的喜爱。

南宋大词人辛弃疾在《青玉案·元夕》中这样写道：

东风夜放花千树。更吹落、星如雨。宝马雕车香满路。凤箫声动，玉壶光转，一夜鱼龙舞。

蛾儿雪柳黄金缕，笑语盈盈暗香去。众里寻他千百度，蓦然回首，那人却在，灯火阑珊处。

正月十五日夜晚的东风，将元宵的灯火吹得如同千树花开一般。更让那烟火看起来就像是被吹落的万点流星。雕饰精美的华丽马车香气洋溢，弥漫一路。凤箫管笛吹奏的乐曲飘动，与那流动的月光互相交错，此起彼伏的鱼龙花灯飞舞了整整一夜。

佳人头上都戴着亮丽的饰物，身上也穿起了多彩的衣裳。她们面露盈盈笑意，带着淡淡的香气，从人群中走过。我在这人群之中千百次地寻找她，都未能找到。却在不经意间一回头，看到了她正站立在那灯火阑珊的地方独自凝眸。

这是辛弃疾眼中热闹的元宵之夜，而独自凝眸的那个人正是辛弃疾自己。在繁华热闹的场景中，辛弃疾独自守望，给后人留下了一个傲岸的背影。

当然，也有失落的人，比如看不到元宵节热闹景致的苏轼，他在《蝶恋花·密州上元》一词中就抱怨道：

> 灯火钱塘三五夜。明月如霜，照见人如画。帐底吹笙香吐麝，更无一点尘随马。
>
> 寂寞山城人老也。击鼓吹箫，乍入农桑社。火冷灯稀霜露下，昏昏雪意云垂野。

杭州城中的元宵之夜，明月如同清霜一般，照得人好似一幅画。帐底吹起了箫笙声，冉冉升起的香气犹如麝香，城中街道之上，更无一点尘土随着车马扬起。

寂寞的密州城里人们都老了呀！只见人们沿街击鼓，吹箫而行，最后却转到农桑社去祭祀那土地神。灯火清冷，游人稀少，霜露降下，阴暗昏沉的乌云笼罩着大地，看来是要下雪了。

这首词写于公元1075年，当时，苏轼刚到密州担任知州一职，正好赶上元宵佳节。密州，也就是今天的山东诸城市。只是宋代的密州远比不上杭州，就连元宵节的氛围也没有，从杭州调来密州的苏轼心里很不痛快，写下这首词以表不满。

到了金元时期，元宵节依旧长盛不衰，成了各族人民共同喜爱的节日。金元时期的文学家元好问在《京都元夕》一诗中描写道：

> 袨服华妆着处逢，六街灯火闹儿童。
> 长衫我亦何为者，也在游人笑语中。

元宵佳节时，到处都能看到女子穿着盛装，化着美好的妆容来观灯，小孩子们则在街道上欢闹着。我这个穿着朴素长衫的读书人能做什么呢？也在游人的欢歌笑语中赏灯猜谜。

明代的元宵节就更加热闹了，市井文化氛围也更加浓厚，假期也延长到了十天，从正月初八开始，一直到十八灯节才落幕，元宵节完全成了老百姓的一场狂欢活动。

江南才子唐伯虎在《元宵》一诗中写道：

> 有灯无月不娱人，有月无灯不算春。
> 春到人间人似玉，灯烧月下月如银。
> 满街珠翠游村女，沸地笙歌赛社神。
> 不展芳尊开口笑，如何消得此良辰？

这样的夜晚，若是只有灿烂的灯火，缺少那皎洁的月光，就难以教人尽兴；若是只有皎洁的月光，没有灿烂的灯火，那也算不得是春天了。春天迈着轻盈的步伐来到人间，人间的佳人个个如花似玉，月下的彩灯燃烧着，天上的月亮如水如银。满街的珠宝翡翠闪耀着，那是出门赏灯的村女，歌声嘹亮，管笛悠扬，比那社日祭祀社神时还要热闹。若是不尽兴游玩，开怀大笑，如何对得起这样的良辰美景呢？

清代的元宵节除了吃元宵、赏灯、猜灯谜之外，还有众多其他的习俗，如舞龙、舞狮子、踩高跷、划旱船等。

其实，在古代的青年男女看来，元宵节是一个浪漫的节日，因为元宵灯会给他们提供了一个绝佳的相识机会。古代传统社会是不允许年轻女子外出自由活动的，但过节却可以结伴出来游玩，尤其是像元宵赏花灯这样的节日，未婚男女借着赏花灯，也顺便可以为自己物色心仪的对象。

当然，元宵节期间，更是青年男女约会的良好时机，所以，元宵节也可以说是地地道道的中国情人节，不必非得等到七夕。

北宋文学家欧阳修在《生查子·元夕》一词中，就为我们讲述了元宵约会这件事情：

> 去年元夜时，花市灯如昼。月上柳梢头，人约黄昏后。
> 今年元夜时，月与灯依旧。不见去年人，泪湿春衫袖。

去年正月十五日元宵佳节，花市的灯光就像白天一样明亮。月儿升起在柳树梢头，我们约好一起相聚在黄昏之后。

今年正月十五日元宵佳节，月光与灯光如同去年一样。只是再也见不到去年的人了，泪珠不知不觉中沾湿了衣衫。

这是一首广为流传的宋词，词的上阕写去年元夜的情事，词的下阕写今年元夜的相思之苦。月与灯依旧，却"不见去年人"，两相对照，令人感慨不已，表达出词人对昔日恋人的一往情深。

其实，无论是元宵还是中秋，人们总是对月圆之夜充满深情，因为它够圆满，够明亮，不仅能触动人的相思之情，使人追忆美好的曾经，更能引发美好的祝愿，祝愿爱情长久，祝愿平安美满，祝愿国泰民安。

社日节

> 九农成德业，百祀发光辉。
> 报效神如在，馨香旧不违。
> 南翁巴曲醉，北雁塞声微。
> 尚想东方朔，诙谐割肉归。
>
> ——《社日》

在社日这天，农事活动成为德行和功业的象征，各种祭祀活动如火如荼地进行着，散发着荣耀的光辉。为报效伟大的神明保佑，为弘扬旧时的美德。南方的老翁沉醉在美妙的乐曲声中，北方的大雁从塞外传来隐隐的鸣叫声。祭祀结束，众人分肉回家，这让我不由得想起了东方朔割肉的诙谐故事❶。

这是唐代大诗人杜甫写的关于社日节的诗歌，再现了唐代社日节的热闹场景。

社日节是南方的叫法，北方叫龙抬头节。古老的中国传统节日，分为春社日和秋社日，也就是说，一年有两次。

春社日是立春后的第五个戊日，秋社日是立秋后的第五个戊日，也就是说，社日节并没有具体的日期，每年都不一样。大致上，春社日在农历二月二日前后，秋社日在农历九月二十三日前后。

众所周知，中国拥有世界上最悠久最漫长的农耕文明，男耕女织，从夏商周一直到清朝末年。农业在社会经济发展当中，一直都占据着核心主

---

❶ 东方朔割肉：班固《汉书·东方朔传》记载：伏日，诏赐从官肉。大官丞日晏不来，朔独拔剑割肉，谓其同官曰："伏日当蚤归，请受赐。"即怀肉去。大官奏之。朔入，上曰："昨赐肉，不待诏，以剑割肉而去之，何也？"朔免冠谢。上曰："先生起，自责也！"朔再拜曰："朔来！朔来！受赐不待诏，何无礼也！拔剑割肉，一何壮也！割之不多，又何廉也！归遗细君，又何仁也！"上笑曰："使先生自责，乃反自誉！"复赐酒一石，肉百斤，归遗细君。

导地位，并创造出了世界上绝无仅有的伟大农耕文明，如万年历、二十四节气、铁犁牛耕、四大发明、中医学等。

那么，农业社会的核心要素是什么呢？

是土地，土地是农业社会最核心也是最重要的生产资料，拥有土地就拥有了一切。

早在商朝时期，我国就出现了古代社会的土地国有制度——井田制，这种制度到了西周时期进一步得到完善。因为当时的道路和沟渠纵横交错，把土地分割成了一个个方块状，像极了汉字"井"，故名"井田制"。

关于土地的重要性，《诗经》中就说了："普天之下，莫非王土；率土之滨，莫非王臣。"普天之下的土地，都是属于周天子的；普天之下生活着的人，都是属于周天子的臣民。可见，在西周时期，周天子把土地看得比臣民还要重要。因为有土地，周围才会有人居住；寸草不生的地方，没有适宜耕种的土地，四周也不会有人居住的。周天子之所以分封诸侯，就是要让这些诸侯帮助自己管理这普天之下的广大土地。

在中国漫长的历史当中，各种政权之所以长期征伐，互相争斗，其核心原因就是为了争得土地。

天子尚且如此，何况臣民？的确，在西周时期，我国古代的劳动人民就已经对土地有了极其深厚的感情，甚至把它看得比自己的生命还要重要。

因此，土地很早就是人们的祭祀对象，而社日节正是来源于上古时期的劳动人民对土地的崇拜。对土地的祭祀活动，就叫社日节。

要是不信，可以看看这个"社"字。"社"字是由"示"和"土"所组成的，"示"表示祭祀，"土"是土地，可见，社就是祭祀土地的意思。

四海之内都是土地，怎么祭祀呢？必须得找个代表出来才行。这样，土地神就出现了。土地神，俗称土地爷，专门掌管土地的神仙。我国古代的劳动人民非常厚道，觉得土地爷爷一个人太孤单了，所以还给他找了个老婆，这就是土地奶奶。

相传，农历二月二日春社日这一天，正是土地神的诞辰。春社日的时候祭祀土地神，是为了祈求土地神保佑一年风调雨顺，五谷丰登；秋社日的时候祭祀土地神，是为了报答和感谢土地神这一年来的恩赐。

还有一个问题需要大家了解一下，那就是为什么南方叫社日节，北方却叫龙抬头节呢？

这个问题其实很简单，因为北方干旱缺水，南方湿润不缺水。

北方，一般是指我国秦岭淮河以北的地方，大致范围包括今天的北京、天津、内蒙古、宁夏、山西、陕西、河北、河南、山东以及安徽北部、江苏北部等地区，而南方就是指秦岭淮河以南的地区，大致范围包括今天的四川、重庆、安徽、江苏、湖北、湖南、江西、浙江、福建、上海、广东、广西以及云贵高原等地区。

秦岭淮河是我国最重要的地理分界线，尤其体现在降水上。

秦岭淮河是800毫米年降水量的分界线。秦岭淮河以北，一年的降水量小于800毫米；秦岭淮河以南，一年的降水量一般大于800毫米。并且，北方的雨季集中而短促，主要集中在7、8月份，而南方一年四季都会下雨，雨水要均匀一些。降水量少且不均匀，是不利于农作物生长的。

因此，自古以来，北方大部分地区干旱，地表缺水，而土地里庄稼的生长又离不开水。所以，北方的劳动人民就特别希望下雨。而龙，就是传说中主管下雨的。龙王打一个喷嚏，人间的庄稼地里就有水了。要想庄稼大丰收，那得靠龙王下雨才行啊！所以，北方人崇拜龙，祭祀龙，祈求风调雨顺，所以叫"龙抬头节"。

南方就不一样了，常年雨水丰沛，尤其是到了梅雨季节，雨一连下几个星期不停，根本就不缺水，所以只对土地感兴趣。因此，南方对土地的崇拜比北方要厉害，人们也只单纯地祭祀土地爷爷、土地奶奶，所以叫社日节。

根据相关学者的研究，社日作为一个节日，起源于夏商周时期，兴起于秦汉，在魏晋南北朝时期继续得到传承，兴盛则是在唐代，但在宋代以后，社日节就慢慢衰落了。

汉代时，从国家到王侯所在的封地，以至于一个县、一个乡、一个里，都有相应规模的社。民间百姓还自发地成立了私人性质的社。《汉书》中就有记载，当时国家规定，二十五个家庭组成一社。这时候的社神已经被拟人化了，称为社公，也就是后来的土地神、土地爷爷。

在《汉书·陈平传》中，记载了陈平社日节祭祀后分肉的故事：平民出身的陈平参加里中举行的社日祭祀活动，祭祀结束以后，陈平负责将祭祀用的肉分给大家，乡里父老都夸奖他肉割得好，分得也公平。陈平于是说，假使我以后能够负责天下的事务，一定也会像分肉一样公平。后来，陈平辅佐汉高祖刘邦统一了天下，果然负责了天下事务。

从这个故事中我们能够得知，社日节祭祀需要有供品，尤其是肉，等祭祀完毕后，大家就开始分肉了。

《荆楚岁时记》一书，更加详细地为我们描绘了社日祭祀时的场景：在春社日这一天，周围的邻居乡亲都会结集起来，凑份子钱，然后举行仪式祭祀社神。有的人负责杀牛宰羊，有的人准备祭祀用的酒。大伙一起在社树下搭一个棚屋，先祭社神，等祭祀完毕，再共同享用祭祀用的酒肉。

汉代以后，人们仍然实行二月、八月两个社日的春秋社祭。关于社祭的具体时间，各个朝代略有不同。汉代一般选择在农历二月份的丙午日举行，而魏则是在农历二月份的丁未日举行，晋朝则选择一月西日为社。到了宋代，正式规定立春和立秋后的第五个戊日为社日节，后代就此延续了下去。

在唐代，社日节可是一个很大的节日，唐诗中就有很多描写社日节的。其中，最著名的就是诗人王驾写的这首《社日》了：

> 鹅湖山下稻粱肥，豚栅鸡栖半掩扉。
> 桑柘影斜春社散，家家扶得醉人归。

鹅湖山下，稻粱肥硕，丰收有望，牲口圈里，猪肥鸡壮，门扇半开。夕阳西沉下去，桑柘树林映照出长长的阴影，春社日结束后，家家搀扶着醉倒的人们归来。

看看！农民伯伯们看到庄稼丰收在望多高兴啊！一个个在社日节这天喝得醉醺醺的，都走不动道了。

的确，唐代社日节的时候，按照惯例，会先摆放一面大鼓，然后敲响大鼓，周围的父老乡亲也就聚集过来了，社日节正式开始。祭祀完社神之后，众人便开始分食掉酒肉。因此，百姓们在这一天可以大吃大喝一顿。不仅在民间，唐代的帝王们也常在社日这天赏赐给大臣羊、酒、海味、粳米等。

宋代的社日节习俗跟唐代差不多。值得注意的是，宋代土地信仰盛行，各地都建有土地神的祠庙。

北宋诗人梅尧臣在《春社》一诗中，就集中反映了当时社祭时的情形：

年年迎社雨，淡淡洗林花。
树下赛田鼓，坛边伺肉鸦。
春醪朝共饮，野老暮相哗。
燕子何时至，长皋点翅斜。

年年都要迎接社日节的到来，社日节的时候，雨水洗净了树林里的春花。老桑树下摆放了一面社日用的大鼓，祭祀坛边堆满了好酒好肉。早晨的时候大家在一起共饮美酒，傍晚来临就只听见一片酒后喧闹之声。这春燕是什么时候飞回来的？都在那水边的高地临水而飞。

到了南宋时期，社日节依旧流行。爱国诗人陆游曾写有一首《社肉》，我们从中依稀可以看到当时热闹的场景：

> 社日取社猪，燔炙香满村。
> 饥鸦集街树，老巫立庙门。
> 虽无牲牢盛，古礼亦略存。
> 醉归怀余肉，沾遗偏诸孙。

社日节这天取来猪肉，那烧烤的香味飘满了整座村庄。饥饿的乌鸦集体停在了街边的树上，老巫师站立在宗庙的门前。虽然没有丰盛的牲畜作为祭品，但是古老的礼制却还是略有遗存。喝醉酒之后，我怀抱着剩余的肉回家，让没有参加节日的孙辈们也都品尝一番。

明清时期，社日节开始在北方衰落，但南方仍旧很盛行，土地庙也进一步得到普及。

清代文人袁景澜在《吴郡岁华纪丽》一书中，就记录下了当时苏州地区过社日时的习俗：

农历二月二日是土地神的诞辰，城中的土地庙中都有专门用来祭祀的供品。至于乡村的土地庙，农民伯伯们也准备了茶水点心以示庆祝。社神，俗称土地公公、土地婆婆，古时候称他们为社公、社母。社公不饮用隔夜的水，所以社日那天必然会下雨，这叫社公雨。大家聚在一起凑钱祭祀社公，这叫社钱。敲响大鼓，祈求一年风调雨顺，这叫社鼓。喝祭祀用的酒，用来医治年老人的耳聋，这叫社酒。用祭祀用的肉和米饭搅拌在一起，这叫社饭……要开始忙碌新一年的庄稼了，因此特地祭祀社神，以保佑一年的好收成。

在历朝历代，农民伯伯们辛苦劳作了一年，为了能有一个好的收成，年年杀鸡宰羊祭祀土地神，祈求土地神保佑五谷丰登。正是这种勤劳质朴的生活态度与作风，才使得我们中华民族生生不息，传承久远。

上巳节

> 溱与洧，方涣涣兮。士与女，方秉蕳兮。女曰观乎？士曰既且。且往观乎。洧之外，洵訏且乐。维士与女，伊其相谑，赠之以勺药。
>
> 溱与洧，浏其清矣。士与女，殷其盈矣。女曰观乎？士曰既且。且往观乎。洧之外，洵訏且乐。维士与女，伊其将谑，赠之以勺药。
>
> ——《郑风·溱洧》

溱水和洧水很长很长，清澈明净，一直流淌到了那看不见的远方。只见一群又一群的青年男女游走在岸边，手拿香草，相互之间说着悄悄话。其中，一位女子对一位男子说，你看，那里多美！咱们一起去看看吧！男子却说，那个地方我已经去过了。女子一下子就不高兴了，说，那再去一趟又何妨，你看那洧水对岸多漂亮，桃红柳绿，莺飞燕舞。

上面这首诗出自《诗经》，描写的是农历三月三日这一天，郑国的青年男女们在溱水和洧水岸边踏青游春的事。而农历三月三日这一天，正是我们所要说的上巳节。

光阴流转，大约九百多年后，一场永载史册的文人雅会拉开了序幕：东晋永和九年，暮春三月，江南草长，群莺乱飞，王羲之、谢安、孙绰等社会名流及文人，齐聚在江南名城绍兴的兰亭。一群人围坐在一条曲折流淌的溪水边上，畅谈古今，饮酒赋诗。到这次盛会快要结束时，众人的诗赋作品也都写好了，于是汇编成了一本诗集。众人都推举王羲之来为这本诗集写一篇序，把这本诗集产生的前因后果说明一下，好让它名留后世。就这样，大书法家王羲之在半醉半醒之间，提笔写下了著名的《兰亭集序》。这篇序不仅是一篇好文章，更是一幅旷古烁今的书法作品，被后世的人们誉为"天下第一行书"。

他们聚会的这一天，就是农历三月三日上巳节。

上巳节，俗称三月三，中华民族古老的传统节日。

相传，农历三月三日是中华始祖黄帝的诞辰，而中原地区自古就有"二月二，龙抬头；三月三，生轩辕"的说法。轩辕，也就是黄帝。

"上巳"一词，最早出现在汉朝初年的文献当中。据史料记载，早在春秋时期，上巳节就已经非常流行了，它是古代人们举行"祓除畔浴"活动中最重要的节日。

那什么是"祓除畔浴"呢？

《周礼》上是这样说的：女巫职掌每年的祓除仪式，为人们畔浴除灾。通俗来讲就是，在上巳节这一天，女巫们会举行一种仪式，为当时的人们除去灾祸。怎么除去呢？就是用草药来洗澡沐浴。在什么地方呢？在河流的岸边。

可见，在先秦时期，上巳节就已经成为大规模的民俗节日，主要活动就是人们结伴去水边洗澡沐浴。

从最早的去河边洗澡沐浴，又慢慢演变成了青年男女一起去郊外踏青，互相吐露爱慕之情。《诗经》中就写了不少少男少女们趁着祓除时相爱的故事，《郑风·溱洧》就是最好的证明。因此，农历三月三日又被称为情人节、女儿节。

到了魏晋时期，上巳节逐渐演化成为皇室贵族、公卿大臣以及文人雅士们临水宴饮的节日，并由此而产生了上巳节的另外一项重要习俗——曲水流觞。

那什么是曲水流觞呢？就是一群人坐在弯弯曲曲的水边，把盛着酒的杯子放在水中，任其顺流漂下，停在了谁的面前，谁就要将杯中的酒一饮而尽，并赋诗一首，否则就要罚酒三杯。

中国历史上最著名的一次"曲水流觞"活动，就是前面提到的在绍兴举行的兰亭之会了。

魏晋以后，上巳节正式定为农历三月三日，后代基本沿袭下来，直至上巳节被清明节吞并吸收。

农历的三月三日，正是一年中最美好的时节，阳春三月的开端。早春时的寒冷彻底消失不见，距离炎热的盛夏也还早，人间大地一派花红柳绿的景象，中原地区的桃花开得正旺，梨花、杏花、樱花竞相绽放，国花园中的牡丹也来凑热闹。那河边的柳树一片浓绿，垂下了万千细柳。而江南更是另有一番胜景：杏花春雨，杨柳依依，燕子飞来，残红满地。

在这样一个百花盛开、万物生辉的美好日子里，古时的人们都喜欢到水边饮宴游乐。西晋时期的文学家陆机在《三月三日诗》中这样写道：

迟迟暮春日，天气柔且嘉。
元吉隆初巳，濯秽游黄河。

三月三日，已经快到了暮春时节了，天气晴好，万物欣欣向荣。在这样一个吉利的日子里，是上巳节啊，人们都走向黄河边上，去清洗掉身上的污秽。

如果说陆机所处的西晋时期，多多少少还保留了一点"祓除畔浴"的习俗的话，那么到了唐朝，上巳节这一天几乎就变成了人们郊外游春的节日，沐浴除污反倒成了一种摆设和形式，人们做做样子就是了，主要目的是为了游春。

纵观唐朝历史，最著名的游春活动莫过于杨贵妃的三姐虢国夫人携家眷游长安曲江。只见华丽的车队一字排开，浩浩荡荡，遮天蔽日。街上的行人匆忙躲闪，怕惊了高头大马，长安城的官员们见了也纷纷礼让。

唐代著名画家张萱根据这一事件，创作出了名画《虢国夫人游春图》。大诗人杜甫也根据这一事件加以创作，写下了著名的诗篇《丽人行》，细致而生动地为我们描绘了上巳节这一天虢国夫人春游曲江的故事：

三月三日天气新，长安水边多丽人。
态浓意远淑且真，肌理细腻骨肉匀。
绣罗衣裳照暮春，蹙金孔雀银麒麟。
头上何所有？翠微盍叶垂鬓唇。
背后何所见？珠压腰衱稳称身。
就中云幕椒房亲，赐名大国虢与秦。
紫驼之峰出翠釜，水精之盘行素鳞。
犀箸厌饫久未下，鸾刀缕切空纷纶。
黄门飞鞚不动尘，御厨络绎送八珍。
箫鼓哀吟感鬼神，宾从杂遝实要津。
后来鞍马何逡巡，当轩下马入锦茵。
杨花雪落覆白苹，青鸟飞去衔红巾。
炙手可热势绝伦，慎莫近前丞相嗔！

　　三月三日，阳春时节，天气清新，长安的曲江河边，聚集了许多美人。她们姿态浓艳，神情高远，文静自然，肌肤丰润，胖瘦适中，身材匀称。那绫罗制成的华美衣裳，上面还有用金银线绣成的孔雀和麒麟，与暮春时节的美好精致相映生辉。看！她们头上戴的是什么呢？是用翡翠做成的花饰，垂挂在两鬓上。看！在她们的后背又能看到什么呢？是用珠宝镶嵌的裙腰，看起来是多么合身。其中有几位都是后妃娘娘的亲戚，里面就有虢国夫人和秦国夫人。青黑色的蒸锅里端出了紫色的驼峰肉，水晶圆盘送来了鲜美的白鳞鱼。她们手拿用犀牛角做成的筷子，却迟迟不动，厨师们一番快刀细切，算是白忙了一场。宦官骑马飞驰，却丝毫不敢扬起一路的尘土，御厨们络绎不绝，送来了山珍海味。笙箫鼓乐奏出的声音缠绵宛转，足以感动鬼神，可别小瞧了那些宾客随从们，他们个个都是达官显贵啊！后面来的一位骑马官人是何等骄横，车前下马之后，径直从绣毯上走进了帐门。白雪似的杨花飘落下来，覆盖住了曲江的浮萍，青鸟飞去，衔起那遗留在地上的红丝帕。杨家气焰真是高呀！权势更是无与伦比，切莫近前骚扰，说不定丞相大人会发怒训人呢！

唐天宝年间，唐玄宗李隆基独宠杨贵妃一个人，可谓是后宫佳丽三千人，三千宠爱在一身。不仅如此，杨贵妃的堂哥杨国忠也在天宝十一年官拜右丞相，一时间杨家权势滔天，由此才出现了诗中的一幕。而成语"炙手可热"正是源于这首诗中，比喻气焰盛、权势极大。而在农历三月三日上巳节这一天，虢国夫人春游曲江，更是将杨家的权势滔天表现得淋漓尽致。

也是在唐代，宫廷诗人沈佺期在《上巳日祓禊渭滨应制》中，同样为我们描绘了一幅帝王的游春图：

宝马香车清渭滨，红桃碧柳禊堂春。
皇情尚忆垂竿佐，天祚先呈捧剑人。

三月三日，在渭水之滨，宝马香车，桃红柳绿，皇帝一行人在游春，传承上巳节。当今的圣上尚且追忆姜子牙辅佐周文王的故事，如今皇恩浩荡，天下归心，理应祭祀先贤。

比沈佺期出生稍晚一些的诗人崔颢，也在《上巳》一诗中为我们描绘了上巳节时倾城游春的景象：

巳日帝城春，倾城祓禊辰。
停车须傍水，奏乐要惊尘。
弱柳障行骑，浮桥拥看人。
犹言日尚早，更向九龙津。

农历三月三日的上巳节，京城长安一片春意盎然，正是倾城的百姓去河边清洗污垢的良辰吉日。马车应该停在河流的岸边才好，奏乐之声须得惊起路面的尘土方可。那岸边的垂柳阻隔了高头大马的通过，浮桥之上更是挤满了游春的人。即便天色将晚，他们依然觉得时候还早，于是又都涌向九龙津去了。

盛唐时期的诗人常建可能已经厌倦了人多热闹的游春，在《三日寻李九庄》一诗中，他在上巳节这一天，孤身一人，乘着小舟，去那溪水边寻访一位老友：

雨歇杨林东渡头，永和三日荡轻舟。
故人家在桃花岸，直到门前溪水流。

雨停了，我行到了杨林的东边渡口，在三月三日这一天，我荡起轻舟去寻访一位朋友。这位朋友家在桃花林的岸边，门前有潺潺的溪水流过。

他的这位老友应该是个隐士，偶像想必是陶渊明。你看他的家住在溪流的岸边，溪岸上还种有一片桃林，门前则是潺潺的溪水流过，这应该就是他眼中的世外桃源了吧！

宋代以后，上巳节风俗渐渐衰微，但游春、踏青的习俗仍在流传。

宋代大诗人杨万里在《上巳》一诗中写道：

正是春光最盛时，桃花枝映李花枝。
秋千日暮人归尽，只有春风弄彩旗。

正是春光最明媚的时候，百花盛开，桃李争妍。日暮时分，佳人荡完秋千，结伴而归，只剩下多情的春风吹动了各色彩旗。

时至今日，农历三月三日在中国西南一些地区，仍是一个隆重而盛大的节日。云南大理每年三月三日都会举行泼水节，从中我们依稀还可以看到古时上巳节祓除畔浴的影子。

三月三日不光在中国，在其他国家也算是一个传统节日。

韩国民间传说，三月三是燕子归来的日子，女人们三三两两，走出家门踏青，野餐时吃杜鹃花饼，喝杜鹃花酒和桃花酒，同时以蝴蝶占卜婚姻等。

在日本则被称为女儿节，原本也在农历的三月三日，但明治维新后改为阳历三月三日。在女儿节期间，家中的成员大都尽量聚在一起，祝福女孩子健康平安地长大成人。

从先秦时期的河边沐浴，到后来的男女结伴踏青，再到后来的游春惜春，无不体现出古时人们对美好时节的眷恋与向往。一年之计在于春，一春之盛在三月，而三月三日正是一切美好的开端，一切的圆满与希望所在。

寒食节

> 二月江南花满枝，他乡寒食远堪悲。
> 贫居往往无烟火，不独明朝为子推。
>
> ——《寒食》

江南的二月，正是繁花盛开的时节，一片姹紫嫣红，而我却独自客居他乡，偏巧又赶上了寒食节，内心感到无限的悲凉。贫穷的生活使我经常吃了上顿没下顿，炉灶里也往往生不出烟火，实在不仅仅是为了明天纪念介子推而禁火呀！

这是唐代诗人孟云卿在寒食节前一天写的一首诗，讲他独自飘零流落到江南的时候，正值寒食节，但因为贫困，没有食物可以吃，炉灶里也就无需生火了。不生火，不仅仅是因为寒食节要禁烟禁火，更是因为穷。

由这首小诗我们不难看出，寒食节是需要禁火的。

寒食节，也称禁烟节、冷节、百五节，是中华民族古老的传统节日。

寒食节期间，严禁烟火，人们只能吃冷食、寒食，所以叫寒食节、禁烟节、冷节；按照中国古代的历法，冬至日后的第一百零五天即是寒食节，所以它又被称为百五节。

冬至日是每年的12月22日左右，一百零五天后，大约是次年4月3日左右。

先说说这个节日的来历：

关于这个问题，专家学者们争论不休，众说纷纭。有人说寒食节来源于远古时期的改火旧习——在远古时期的华夏大地上，春天一到，人们便将上一年保留下来的火种全部熄灭，然后再重新钻木取火，以获取新的火种。还有人说寒食节源于周朝的禁火令——周朝时，春天来临，大火星出现，气候干燥，容易引发山林火灾，因此，周天子才下令禁火。

当然，其中影响力最大的、最为人们所广泛接受的还是为了纪念介子推的说法：

话说在春秋时期，晋国公子重耳因"骊姬之难"逃亡在外。长期流亡的日子可想而知，那是吃了上顿没下顿，饿得两眼直冒金星。眼看公子重耳随时都有饿死的可能，他的随从介之推，竟不惜从自己的大腿上割下一块肉来让他充饥。如此忠心耿耿的臣子，让重耳感动得一塌糊涂，许诺说以后等自己当上了国君，不会忘记介之推的。

在外流亡了十九年的公子重耳，终于回到了晋国，果然当上了晋国的国君，也就是后来大名鼎鼎的春秋五霸之一晋文公。

晋文公开始封赏有功之臣了，可谁知当年割肉给晋文公充饥的介之推竟拒绝接受封赏。他非但不接受封赏，反而带着自己的老母亲跑到山西的绵山隐居去了。晋文公三番两次派人请他下山，可他就是不下来。晋文公毫无办法。这时不知是谁出了个馊主意，说不如放火烧山，到时候介之推扛不住，自己就会狂奔着下山的。

晋文公同意了。可谁知介之推还是不出来。最后，母子二人竟抱着大柳树活活地给烧死了。古人认为他有气节，不贪图荣华富贵，宁可被活活烧死，也不愿意接受封赏。

晋文公悲痛万分。为了纪念自己的这位忠臣义士，晋文公下令，就在介之推遇难的这一天，全国禁火，举国上下不许烧火煮食，只能吃冷食，故名"寒食"，寒食节由此而来。此后这个节日在中国一直延续了两千多年，可谓是历史久远的一个传统节日了。

随着历史的变迁和时光的流逝，一切古老的文化习俗都处在不断的演变之中，并非是一成不变的。无论寒食节起初的来源是什么，后世的人们相信是为了纪念介子推的，这也就渐渐成了主流的说法。

关于这一点，后世的许多诗文都是明证，证明了当时的人确实认为寒食节是为了纪念介子推。

唐代诗人卢象就写有一首《寒食》，大致为我们描述了这个事情：

> 子推言避世，山火遂焚身。
> 四海同寒食，千秋为一人。
> 深冤何用道，峻迹古无邻。
> 魂魄山河气，风雷御宇神。
> 光烟榆柳灭，怨曲龙蛇新。
> 可叹文公霸，平生负此臣。

介子推说自己要去那绵山隐居避世，谁知在一场大火之中遭到了焚身。今日四海之内都在过寒食节，千年以来都是为了他这一个人啊！深深的冤屈如何能用道理来表明呢？就像那险峻的去处自古以来就没有邻居一样。但他那伟大的魂魄足以气动山河，就像风雷统治下的万物一般。在火光烟雾之中，柳树被烧毁了，在这样的怨曲声中，它又重新焕发出了生机。可叹那晋文公重耳一世英明霸业，却独独辜负了介子推这样的忠臣。

唐代诗人郭郧也曾写有一首《寒食寄李补阙》，也说到了介子推的事迹：

> 兰陵士女满晴川，郊外纷纷拜古埏。
> 万井闾阎皆禁火，九原松柏自生烟。
> 人间后事悲前事，镜里今年老去年。
> 介子终知禄不及，王孙谁肯一相怜。

在寒食节这一天，兰陵的青年男女们一起踏青郊游，礼拜古迹。千家万户虽然都禁了烟火，可那原野上的松柏却如烟似幻。世间人总是悲伤往事，镜中的自己也明显老于去年了。介子推知道自己不爱慕功名利禄，可如今的王孙们哪一个会可怜他呢？

如同其他传统节日一样，寒食节也有一个不断传承并发展的历史过程。起初的时候，寒食节只在山西等地流行，后来才慢慢流行到全国各地。这很好理解，山西简称晋，正是当时晋国的地盘。

到了汉代时，寒食节的影响力慢慢彰显出来，有些地方禁火的时间甚至长达一个月之久。大家想一想，一个月都不能点火，都要吃冷食，谁能受得了？结果导致许多老弱妇孺身体吃不消。

东汉末年，曹操曾下令取消禁火这个习俗，《阴罚令》中是这样记载的：

听闻太原、上党、雁门等地方，在冬至日一百零五天后禁烟火、吃冷食，说是为了纪念介子推。今天颁下律令，这些地方在寒食节不准吃冷食。有敢违抗命令者，一家之主坐牢半年，主管此事的官吏坐牢一百天，该县县令罚一个月的俸禄。

西晋统一之后，由于与春秋时期的晋国一样，都是一个"晋"字，所以对晋国曾经的历史习俗特别感兴趣，由此，纪念介子推的禁火习俗又恢复了起来。不过，时间不再是长达一个月了，而是缩短为三天。与此同时，还把寒食节纪念介子推的说法推而广之，扩展到了全国各地，于是寒食节就成了全国性的节日，寒食节禁火也就成了中华民族共同的风俗习惯。

在寒食节结束的那天晚上，宫廷里一般都会举行一个仪式，那就是由皇帝出面，将"新火"赐给身边重要的大臣们。

唐代大历十才子之一的韩翃写过一首著名的《寒食》，讲的就是这件事：

春城无处不飞花，寒食东风御柳斜。
日暮汉宫传蜡烛，轻烟散入五侯家。

暮春时节，长安城内处处柳絮飞舞，落花无数，在寒食节这一天，东风吹拂着皇家花园里的柳枝。夜幕降临，皇宫里忙着传送蜡烛，于是，袅袅炊烟就散入了王侯贵戚的家中。

据考证，寒食节在清明节的前两日。从先秦到南北朝时期，寒食节都被当作一个很重要的节日。唐朝时，它仍然是一个较大的节日，但已经开始势微，后来逐渐为清明节所兼并。

由于后来寒食节被清明节所兼并，所以寒食节的主要节日活动跟清明节类似，不光有禁烟火、吃冷食，还逐渐增加了祭祖扫墓、插柳、踏青、荡秋千、蹴鞠、斗鸡、赏花、放风筝、斗百草等风俗活动，极大地丰富了古代劳动人民的社会生活。

这很好理解，寒食和清明，大约在农历三月初左右，本就是花红柳绿的美好时节，随着时代的发展，自然会产生诸如踏青、荡秋千、蹴鞠、插柳、赏花等习俗。唐诗中关于寒食节这些习俗的描写可以说是数不胜数。

诗人李郢在《寒食野望》一诗中就写到了寒食祭祖这件事：

旧坟新陇哭多时，流世都堪几度悲。
乌鸟乱啼人未远，野风吹散白棠梨。

无论是旧坟还是新坟，都能听到一片哭声，如今身处乱世，人们都多了几分悲伤。扫墓的人尚未走远，枝丫上的乌鸦就乱叫个不停，一阵乱风吹过，那坟上的纸钱便散落了一地。

而大诗人韦应物在《寒食寄京师诸弟》一诗中则写了自己赏花，并想念自己在长安的几个弟弟：

雨中禁火空斋冷，江上流莺独坐听。
把酒看花想诸弟，杜陵寒食草青青。

雨中的寒食节更加显得寒冷，我独自一人坐听那江上黄莺的鸣叫。端着酒杯赏花时，偏又想起了杜陵家中的几个弟弟，想必寒食来临，杜陵那一带早已是一片野草青青了。

大诗人王维则在《寒食城东即事》一诗中，为我们细致地描绘出一幅寒食游春图，写到了荡秋千、踏青、蹴鞠、赏花等节日习俗：

> 清溪一道穿桃李，演漾绿蒲涵白芷。
> 溪上人家凡几家，落花半落东流水。
> 蹴鞠屡过飞鸟上，秋千竞出垂杨里。
> 少年分日作遨游，不用清明兼上巳。

一条清澈的溪流穿过桃李花林，水波荡漾起来，绿蒲滋润着白芷。在这溪流的旁边，大约只有几户人家，落花多半都漂在东去的流水之中。踢出的皮球屡屡高出飞鸟之上，在那一片垂柳之中，到处都是荡起的秋千。年轻人趁着空闲来这里游玩，不用再等到清明和上巳了。

到了宋代，尽管寒食节已经与清明节融为一体，但作为曾经的一个重大民间节日，它依然保持着某种生命力。

宋代大词人张先在《木兰花·乙卯吴兴寒食》一词中，为我们讲述了宋代寒食节的样子，还是踏青与荡秋千，还是赏花与游春：

> 龙头舴艋吴儿竞，笋柱秋千游女并。芳洲拾翠暮忘归，秀野踏青来不定。
> 行云去后遥山暝，已放笙歌池院静。中庭月色正清明，无数杨花过无影。

吴地的少年们在江上进行着小龙船竞赛，游春的少女们则成对地荡着竹秋千。有的在水边采集着花草，天色将晚依旧不愿意离去，秀美的郊外田野上，踏青的人们络绎不绝。

游春的少女们走了，远处的青山逐渐昏暗下来，笙歌声停了，庭院显得一片寂静。庭院中的月色清朗明净,唯有无数的柳絮无影无形地飘过。

到了明清时期,清明节牢牢地占据了统治地位,至此,寒食节也仅仅是文人用来缅怀历史的工具了。

明末清初的戏剧家孔尚任,写有著名戏剧《桃花扇》,为我们讲述了明朝灭亡的那一段沧桑往事。在他的《寒食得花字》中,寒食节是另一幅凄凉萧条的景象:

逃亡屋破夕阳斜,社燕归来不见家。
旧日踏青芳草路,纷纷白骨衬飞花。

国破家亡,人们四逃离散,夕阳斜照着残破的屋宇,春天来临,燕子归来,却找不到曾经筑巢的家了。旧日里那些春游踏青的芳草之地,如今都已铺满了累累的白骨,飞花依旧,物是人非。

总之,寒食节从春秋时期开始,虽然经历了东汉周举、魏晋曹操、后赵石勒、北魏孝文帝等多次禁止,却屡禁屡兴,蔓延全国,深入民心。

寒食节所蕴含的忧国忧民、忠君爱国、清明廉洁的政治抱负和功成身退的奉献精神,是中国古代社会的伦理准则,至今依然有它的现实意义。

清明节

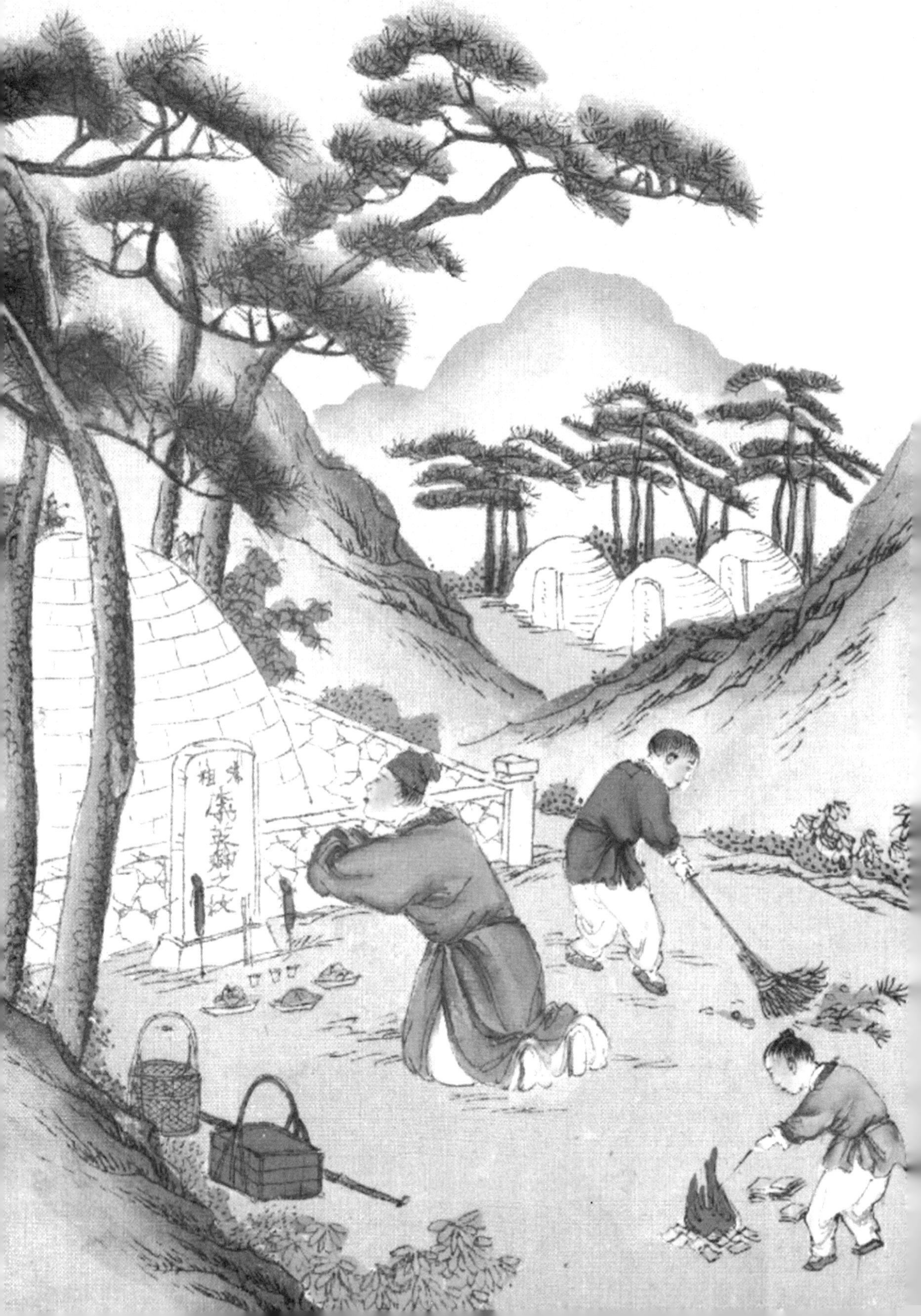

> 采采芣苢，薄言采之。采采芣苢，薄言有之。
> 采采芣苢，薄言掇之。采采芣苢，薄言捋之。
> 采采芣苢，薄言袺之。采采芣苢，薄言襭之。
> ——《诗经·芣苢》

采呀采呀车前子，快点把它采起来。采呀采呀车前子，快点把它摘下来。

采呀采呀车前子，一片一片拾下来。采呀采呀车前子，一把一把捋下来。

采呀采呀车前子，提起衣襟兜起来。采呀采呀车前子，掖起衣襟兜回来。

这首诗的情景应该发生在清明节左右，此时的芣苢刚刚结上了饱满的籽，无论是用作中药，还是熬汤来喝，都将是不错的选择。

芣苢，俗称车前子，是一种很廉价的植物，类似于今天的荠菜和榆钱。对于西周和春秋时期的贵族们来说，这种东西不值钱。不过，对于当时的贫苦百姓们来说，它却是不可缺少的。于是，每到清明时节，那些乡村的姑娘们便挎着篮子、穿上宽大的衣袍，漫山遍野地采车前子去。她们三三五五，成群结队的，年龄应该都不大，有着小姑娘的灵动和纯真，她们一边采着，一边还唱起了歌。

对于这样一幅美妙的场景，清代学者方玉润在《诗经原始》里说得好，他说："读者朋友们请试着平心静气地吟诵这首诗，脑海中就会出现这样一幅画面：只见那田家的少女们，三三五五，在平原上，在旷野中，在山岗间，在风和日丽的春天里，集体唱着歌儿，你一句我一句，余音袅袅，若远若近，忽断忽续，不知道她们为什么会那么开心，又为什么那么心旷神怡。我看这首诗啊不必仔细解读了，只要吟诵几遍就自然可以领略到其中的妙处。"

那么我们就平心静气，细细咏诵这首诗，不必探究它的句式文法，只需闭上眼睛，用心去聆听，用心去感受，便可自得其中的妙处了。

——这便是清明时节的魅力。

清明，最初是我国古代二十四节气之一，时间是每年的农历三月一日前后，在春分之后，谷雨之前。

"清明"二字，来源于《历书》记载，书中说："春分后十五日，斗指丁，为清明，时万物皆洁齐而清明，盖时当气清景明，万物皆显，因此得名。"

意思是说：春分之后再过十五天，北斗星指向丁的方位，这就是清明了。此时，万物都洁净而清明，是因为这时气候清爽，景物明朗，万物都很鲜明，因此得名。

清明节一到，寒气渐渐散尽，气温一天一天升高，是春耕的最好时节。因此，民间又有"清明前后，种瓜种豆""植树造林，莫过清明"等谚语。

清明从来都是一个节气，到了春秋时期，才逐渐演变成了一个重大的节日，这跟寒食节有着非常密切的关系。

说到寒食节，就不得不重温一下晋文公重耳和介之推的故事了：

晋国公子重耳因"骊姬之难"流亡在外，逃亡的日子无比艰苦，多亏了他的随从介之推在危难时刻保护他，甚至不惜割下自己身上的肉让重耳充饥。

重耳当上晋国国君之后，念及介之推当年的恩情，便想要给他加官晋爵。然而，介之推却不愿意接受封赏，带着老母亲隐居到了一座山林之中。

晋文公为了请介之推出山，听取了谋臣的建议——放火烧山。最终，介之推宁可被大火烧死，也没有下山。

晋文公追悔莫及，痛哭流涕，然而终究是无力回天了。为了纪念介之推，晋文公将这一天定为寒食节。

到了第二年，晋文公率领群臣再次登上那座山，以祭奠介之推，竟发现死去的老柳树又发出了嫩芽。晋文公感到十分惊喜，便赐这颗柳树为"清明柳"，并且昭告天下，将寒食节之后这一天定为清明节。

所以，清明节和寒食节一样，原本都是为了纪念介之推，而后才慢慢演变为祭祀死去亲人的节日。

北宋著名诗人、书法家黄庭坚有一首《清明》，说的正是这个：

佳节清明桃李笑，野田荒冢只生愁。
雷惊天地龙蛇蛰，雨足郊原草木柔。
人乞祭余骄妾妇，士甘焚死不公侯。
贤愚千载知谁是，满眼蓬蒿共一丘。

清明佳节来临，桃红李白，争相绽放，田野上那些长满杂草的荒墓，却让人感到哀愁。一阵春雷响过，惊醒了那些冬眠中的龙蛇百虫，春雨霏霏，滋润着郊外田野上柔和的草木。古时候，有齐国人出入坟墓间乞讨祭品，还向妻妾们炫耀，也有像介子推那样宁愿被大火烧死也不愿做公侯的。他们到底是贫贱愚蠢还是贤能清廉，至今又有谁说得清楚呢？如今留下来的都不过是满眼蓬乱的野草。

战国时期，清明节扫墓的习俗渐渐兴盛起来。到了秦汉，扫墓的风气更加流行。这一日，人们都会还乡祭祀，祭扫坟墓，以表达对死者的悼念之情。

最初，清明节只是寒食节的"附属"，人们只看重寒食节而忽视清明节，除了扫墓祭祖之外，再无其他活动。但发展到后来，清明节却逐渐取代了寒食节的地位，连寒食节原有的吃冷食、蹴鞠、荡秋千等活动，也都成了清明节的风俗活动。

不仅是寒食节，连三月三日上巳节的许多风俗活动，比如踏青、游春、被禊等，也逐渐被清明节所吸纳。

所以，清明节的习俗不仅包括扫墓祭祖，人们更会乘着这大好春光，与亲朋好友相约一起去郊游踏青，在万物复苏、桃红柳绿的美好山河间荡秋千、放风筝、赏春光。

由于清明前后气温回升，雨水充足，阳光暖照，非常适合耕种，因此，清明节也就有了植树和插柳等习俗。

唐代大诗人白居易在《清明夜》一诗中这样写道：

好风胧月清明夜，碧砌红轩刺史家。
独绕回廊行复歇，遥听弦管暗看花。

清明时节的夜晚，清风习习，月色朦胧，那碧玉做成的栏杆，那红砖砌成的墙，正是刺史大人的宅院。独自走在回旋的走廊中，边走边歇息，远远地听到有弦声响起，我低头默默地看着花。

这是白居易在元和年间所写的一首七言绝句，诗中的刺史大人指的正是他自己。这首诗描写了在清明节的夜晚，他独自一人在庭院中散步，听着远处的弦声，欣赏着眼前的花，好不惬意。诗作表现了他闲适的心情，给人一种寂静而美好的感觉。

歌颂人间好时节的并不只有白居易，还有诗人王建，他在《长安别》一诗中这样写道：

长安清明好时节，只宜相送不宜别。
恶心床上铜片明，照见离人白头发。

长安的清明真是个好时节，只适宜相送，却不适合离别。都不愿看到那床头明亮的铜镜，怕会照见离人头上的根根白发，徒增许多烦恼。

类似的还有温庭筠的《清明日》：

清娥画扇中，春树郁金红。
出犯繁花露，归穿弱柳风。
马骄偏避幰，鸡骇乍开笼。
柘弹何人发，黄鹂隔故宫。

清明日的清晨，彩蛾飞舞，宛如在画扇中一样。春色满园，桃花和郁金花竞相绽放，红遍了大地。人们都兴致勃勃地结伴踏青，出门时，看到露水在各色花瓣上颤颤欲滴，归来后，又感受到春风穿过柳丝拂面而来的温柔。骄纵的马匹在帐帏旁边昂首嘶鸣，鸡群从刚打开的笼子里争先恐后地窜出来，开始四处觅食。不知是哪个孩子在用弹弓瞄准鸟儿，吓得黄鹂赶紧飞入隔墙的庭院，在房顶上婉转啼鸣。

而唐末诗人韦庄在《长安清明》一诗中，几乎把清明所有的习俗写了个遍：

蚤是伤春梦雨天，可堪芳草更芊芊。
内官初赐清明火，上相闲分白打钱。
紫陌乱嘶红叱拨，绿杨高映画秋千。
游人记得承平事，暗喜风光似昔年。

突然之间，已经是细雨纷飞的春天了，怎能受得了芳草如此青青动人。内宫之中把清明的新火赏赐给大臣们，大臣们闲来无事，相约以蹴鞠娱乐。京城郊野的路上，骏马在嘶鸣，绿杨丛中，女子们在荡着秋千。游人们似乎还记得以前太平时候的盛事，如今这相似的情景再现，心里不禁隐隐快乐。

关于清明节的唐诗，最著名的当属杜牧的这首《清明》了：

> 清明时节雨纷纷，路上行人欲断魂。
> 借问酒家何处有，牧童遥指杏花村。

江南清明时节，细雨纷纷飘洒，路上的行人，个个都是落魄失魂的样子。借问当地人，何处可以买酒浇愁？牧童笑而不答，举手遥指不远处的杏花村。

根据《江南通志》记载：杜牧在担任池州刺史时，有一天心情不佳，想出去喝点小酒，这一天刚好是清明，他就一路骑着马一路找酒喝，一首流传千古的诗就这样写了出来。

很多时候，除了清净和明朗，清明节也会给人一种忧愁之感：细雨纷纷，潮湿而清冷，人的心情也如这天气一般低落，而这正是因为这首诗的存在而形成的。

到了宋代，清明节已然取代了寒食节和上巳节，习俗依旧。

面对清明这样的人间好时节，宋代诗人王禹偁却无花无酒，于是，他在《清明》一诗中这样抱怨道：

> 无花无酒过清明，兴味萧然似野僧。
> 昨日邻家乞新火，晓窗分与读书灯。

我是在无花可赏、无酒可饮的情况下过清明的，这样清心寡欲的生活，就像是那荒山野庙中的和尚一般。昨天从邻居家讨来了新的火种，在清明节的一大早，我就在窗前点好灯，坐下来潜心读书了。

每个节日都会有它独特的饮食习惯，清明节当然也不例外。

由于清明前一日的寒食节有禁火的习俗，所以清明节这一天，许多地方有吃冷食的习惯。还有一些地方，习惯在扫墓结束之后，全家人将祭祀用的食物分吃掉。上海有一个旧习俗是，清明那天用柳条将祭祀用过的蒸糕饼团穿起来，晾干后，立夏那天用油煎熟，据说小孩子吃了可以防治疰夏病。

部分地区还有清明吃"青团""青饼"的习俗：将绿色的雀麦草汁和糯米一起舂合，使青汁和米粉相互融合，然后包入豆沙、枣泥等馅料，用芦叶垫底，放到蒸笼内。蒸熟之后的青团色泽鲜绿，香气扑鼻，是清明节最有特色的食品之一。

清明时节，万物生长，清洁明净，虽用于悼念亡人，但如今也是一个充满希望与生机的节日。

清明节对于中国人的意义十分重大，它与春节、端午节、中秋节并称为中国四大传统节日。2006年，清明节被列入第一批国家级非物质文化遗产名录。

端午节

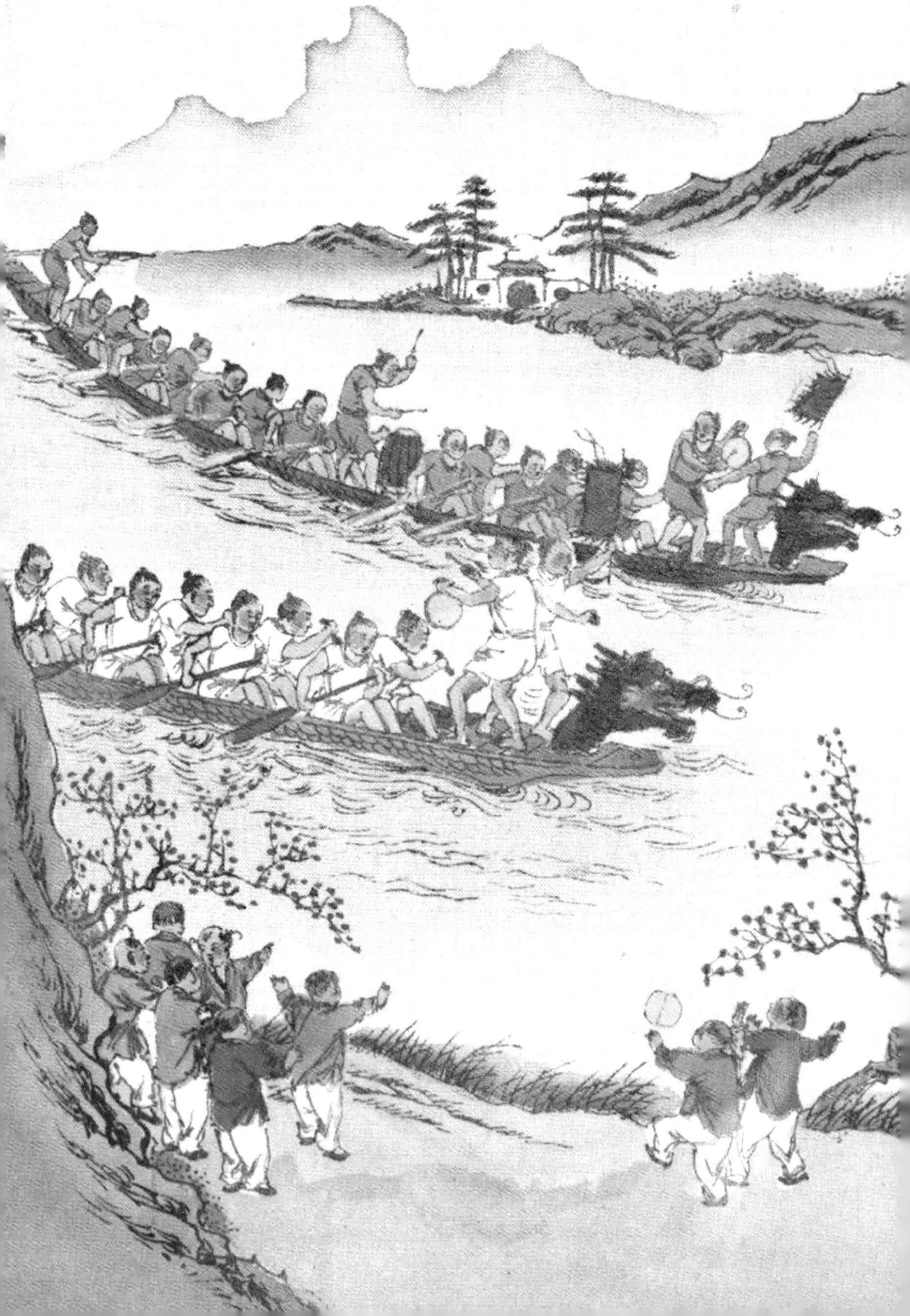

> 石溪久住思端午，馆驿楼前看发机。
> 鼙鼓动时雷隐隐，兽头凌处雪微微。
> 冲波突出人齐譀，跃浪争先鸟退飞。
> 向道是龙刚不信，果然夺得锦标归。
> ——《竞渡诗》

在石溪这个地方住得久了，竟开始思念起端午节时的场景来，在驿馆的楼前，观看龙舟启动时的样子。大鼓敲起来了，声音宛如远处的雷声，兽头威武，乘风破浪，激起的水花如同雪花一般。龙舟冲破水面，一马当先，众人齐声呐喊，劈波斩浪，那河面上的飞鸟争相退去，唯恐遭了殃。多条船只像龙一般向前冲去，最终果然夺得了锦标而归。

这是唐代诗人卢肇写的一首诗，为我们细致地描绘了端午节赛龙舟时的场景——东风吹，战鼓擂，龙舟竞发，万人助喊。

这是一幅激动人心的场面，也是一年一度的热闹盛会，更是每年端午节时的保留节目，千百年来，长盛不衰。

端午节，农历五月五日，是中华民族古老的传统节日。

"端"，意为开端，"午"与"五"相同，合起来就是五月开始的第五天。端午节又名端阳节、重午节、龙舟节、浴兰节、诗人节等，与春节、清明节和中秋节，并称为中国民间的四大传统节日。

叫它端阳节，是因为农历五月份正是仲夏时节，气温比较高，天气日渐炎热，顺阳在上，阳气旺盛，加上五又是阳数，故名端阳。

叫它重午节，是因为我国古代的农历是以地支纪月的。根据我国古代历法规定，正月为寅月，二月为卯月，三月为辰月，四月为巳月，五月为午月，五月五日，五五相重，五与午同音，故名重午。

叫它龙舟节，是因为赛龙舟是端午节的一项重要活动，在我国的南方十分流行，尤其是在广东地区。南方雨水多，河流纵横，河网密集，适合赛龙舟；而北方地区降水量少，河流并不多，也不适合搞大型的赛龙舟活动。

叫它浴兰节，是因为端午的时候正值仲夏，是人体皮肤病多发的季节，古人每到这个时候，都会用兰草汤来洗澡沐浴，以清除身上的污垢，防止皮肤病的发生，故名浴兰节。其实，在古人看来，五月五日的端午节并不是一个良辰吉日，而是恶月与恶日。原因很简单，农历五月份，天气逐渐炎热，酷暑就要来了，暑毒盛行，是瘟、瘴、痢多发的时候。瘟，是指流行性易传染的疾病；瘴，是指山林中因湿热而产生的有毒气体；痢，是指由细菌感染而导致的疾病。特别是在江南一带，农历五月份正是闷热潮湿的梅雨季节，各种毒虫毒物疯狂生长并开始横行起来。因此，每到端午节，家家户户都会挂菖蒲、插艾草，男子喝雄黄酒，女子佩戴香包，小孩则在额头上用雄黄写上一个大大的"王"字，这些都是驱逐蚊虫毒物、化凶为吉的办法。

叫它诗人节，是因为我们在端午节纪念楚国大夫、伟大诗人屈原。遥想战国时期的楚国，当时，楚怀王死了，楚国的都城被秦国攻破了，忠君爱国的屈原悲痛欲绝，不能自已，于是自投汨罗江，以身殉国。由于怕他的尸体被汨罗江里的鱼给吃了，所以人们投粽子到江中给鱼儿吃。而屈原不仅仅是一位伟大的爱国者，更是一位伟大的诗人，他创作出了新的文学体裁楚辞，尤其是其中的《离骚》，开创了我国浪漫主义文学诗歌的先河。既然端午节是为了纪念诗人屈原的，故又名诗人节。

其实，关于端午节的真正来历，专家学者们众说纷纭，争论不休，主要观点有以下四种：

1. 纪念屈原

但根据相关学者的考证，端午节赛龙舟的习俗，其实早在屈原之前就已经存在了。在春秋以前的吴越地区，也就是今天的苏南一带，就有在农历五月初五这一天，以龙舟竞渡形式举行部落图腾祭祀的习俗。

最有说服力的证据就是——屈原在自己的诗中也涉及了当时竞渡的风俗。

学术界大多认为端午节并非是纪念屈原的，尤其是闻一多先生。闻一多先生认为，把屈原和端午节首次捆绑在一起的是南朝的文献记载，而南朝距离屈原跳江自尽间隔了七百多年：

屈原五月五日，自投汨罗江，楚人哀之，至此日以竹筒贮米，投水祭之。

这一小段话的意思是说：楚国大夫屈原于五月五日这一天，投入汨罗江自杀殉国，楚国老百姓都很悲伤。为了悼念他，每年到了五月五日这一天，他们都会将米饭倒入竹筒，再投入水中，以表祭祀。

这段话是关于屈原与端午节的最早记载，出自南朝时期的文献《续齐谐记》。也就是说，在屈原跳江的七百年后，人们才将端午节与屈原联系起来了，可端午节赛龙舟的习俗却一直存在着。由此可见，赛龙舟根本就不是为了纪念屈原。

不光是赛龙舟，许多其他端午节习俗也都与屈原无关，比如吃粽子。关于粽子的最早文字记载，出自《说文解字》，吃粽子的习俗早在屈原去世之前就有了。

早在春秋时期，人们便用菰叶包裹着黍米，再制作成牛角的形状，这叫做"角黍"，也就是我们今天所说的粽子。用竹筒盛满米饭，再将它密封起来烤熟，这叫"筒粽"。在汉代，皇帝有赏赐百官粽子的习俗。到了魏晋时期，端午节吃粽子的习俗已经非常流行了。可当时的人们吃粽子，并不是为了纪念屈原。

由此可见，直到南朝时期，人们才开始将端午节与屈原联系起来，后来经过慢慢演变，端午节是为了纪念屈原的说法变得根深蒂固了。

唐宋时期，每到端午节，无论是封建士大夫还是平民百姓，总是会想到屈原。为了纪念他，人们吃粽子、赛龙舟，这已然成为一种共识。

唐代诗人文秀就曾经写了一首《端午》，为的就是缅怀先贤屈原：

> 节分端午自谁言，万古传闻为屈原。
> 堪笑楚江空渺渺，不能洗得直臣冤。

端午这个节日究竟是从什么时候开始的呢？它的来历又是什么呢？从古至今都传说是为了屈原。我笑那汨罗江烟波浩渺、辽阔无边，却不能够洗刷正直之臣屈原的冤屈啊！

宋代时，端午节依然如故，人们一边吃着粽子，看着赛龙舟，一边缅怀伟大的爱国诗人屈原。诗人梅尧臣在端午时也写了一首诗，叫《五月五日》：

> 屈氏已沉死，楚人哀不容。
> 何尝奈谗谤，徒欲却蛟龙。
> 未泯生前恨，而追没后踪。
> 沅湘碧潭水，应自照千峰。

屈原已经投江自尽了，而楚国人民依然为他的不幸而感到悲哀。自古以来，哪能制止得了谗言呢？不过是徒劳无功，试图驱赶驱赶蛟龙罢了。至今都没有消除屈原生前的遗恨，反而却要去追寻他死后的踪迹。只留下那一潭碧绿的沅湘之水，独自倒映着连绵的群峰。

明清时期，端午节纪念屈原一说更加稳固，直至今日。

2. 纪念伍子胥

这种说法，主要在江浙一带流传很广。

伍子胥，跟屈原一样，也是楚国人，他的父亲和哥哥均被楚王所杀。后来，伍子胥投奔到吴国，帮助吴国攻打楚国，终于报了杀父之仇。后来，吴王夫差听信谗言，赐了一把宝剑给伍子胥，让他自尽。伍子胥在临死之前对邻舍人说："我死之后，请将我的眼睛挖出来，悬挂在都城的东门上，我要亲眼看见越国军队入城灭吴。"夫差闻言大怒，下令将伍子胥的尸体装在皮革里，在五月初五这一天投入钱塘江。

伍子胥死后，吴国人都很难过。民间还传说，伍子胥死后化作愤怒的河神，举世闻名的钱塘江大潮就是伍子胥阴魂不散才导致的，人们对此深信不疑。为保一年的风调雨顺，人们便在五月五日这一天祭拜他。

3. 纪念孝女曹娥

曹娥，东汉人，她的父亲溺死在江中，几天了都不见尸体漂起来。当时曹娥才十四岁，日夜在江边哭泣。过了整整十七天后，她在五月五日这一天投江，去寻找父亲的尸体。五日后，她终于抱着父亲的尸体上岸了。

这段记载更像是神话故事，不足为信。

4. 源于古百越族举行的龙图腾崇拜活动

这种观点主要是闻一多先生考证出来的。

近代大量出土文物和考古研究证实：在长江中下游的广大地区，在新石器时代，有一个崇拜龙的图腾的部族，史称百越族。他们有断发纹身的习俗，生活于水乡，自称是龙的子孙。他们将部落图腾龙绘制在独木舟上，又划着这种龙舟去探亲访友，有时大家遇到一起，便会趁兴比赛谁划得快。随着龙神崇拜逐渐成为炎黄子孙的共同意识，图腾舟也就演变成了各式各样的龙舟，并从中产生出竞渡的游艺形式，此后渐渐成为中国各地的传统风俗。

根据考古发现，闻一多先生的考证是科学的。中国的长江流域和黄河流域一样，都是中华民族古老文化的发源地。将发掘出的原始文化遗存和历史传说结合起来看，中国长江以南确曾居住着一个龙的图腾族群，即古百越族。直到秦汉时期还有百越人。端午节就是他们创立用于祭祀龙祖的节日。

对于这一种说法，今天的人们大多都没有听过，无所谓相不相信。

其实，文化习俗始终都处在不断的演化中。端午节究竟源于什么，这并不重要。当今天的人们一边吃着粽子一边看着赛龙舟，心中想着先贤屈原忧国忧民的情怀，共同祈求国泰民安，这就足够了。

关于端午节的习俗，我们在之前大致介绍过了。唐代以后，端午的习俗渐渐隆重起来，民间老百姓也参与其中。

南宋爱国诗人陆游在端午这一天写了一首小诗，名叫《重午》：

叶底榴花蹙绛缯，街头初卖苑池冰。
世间各自有时节，萧艾著冠称道陵。

端午时节，榴花绽放，一朵朵艳红似火，像极了紧缩的红色缯帛，天气炎热，街头巷尾第一次出现了叫卖苑池冰块的声音。在世间，不同季节各有属于自己的美好节日，手持艾草，戴上道家的头冠，个个都称自己是道士了。

的确，每个时节各有自己不同的美好，每个时节也各有自己不同的繁花盛开，春天有桃花李花，夏季则有荷花百合，秋天有菊花桂花，冬季则有梅花水仙。如果说桂花代表着中秋节，菊花代表着重阳节，那么，榴花就代表着端午节。

除了上面一首之外，陆游还写过一首同名的五言律诗，还是看榴花、吃粽子、扮道士：

重五山村好，榴花忽已繁。
粽包分两髻，艾束著危冠。
旧俗方储药，羸躯亦点丹。
日斜吾事毕，一笑向杯盘。

重五时节，山村有着无限美好，漫山遍野的榴花仿佛在一夜之间全开了。端午的香包挂在两髻，艾草装饰在头冠的两边。按照旧时的习俗，香包之中刚刚放上了驱虫的药物，身体上也画上了丹药制成的朱砂。日暮时分，诸事都忙完了，我面带微笑，举起了酒杯。

当然，端午节最热闹的还要属赛龙舟的活动。

唐代大诗人刘禹锡就曾写有一首长诗《竞渡曲》，为我们描绘了端午赛龙舟时的盛况：

> 沅江五月平堤流，邑人相将浮彩舟。
> 灵均何年歌已矣，哀谣振楫从此起。
> 杨桴击节雷阗阗，乱流齐进声轰然。
> 蛟龙得雨鬐鬣动，螮蝀饮河形影联。
> 刺史临流褰翠帏，揭竿命爵分雄雌。
> 先鸣馀勇争鼓舞，未至衔枚颜色沮。
> 百胜本自有前期，一飞由来无定所。
> 风俗如狂重此时，纵观云委江之湄。
> 彩旂夹岸照蛟室，罗袜凌波呈水嬉。
> 曲终人散空愁暮，招屈亭前水东注。

五月的沅江，江水涨得快要与堤岸齐平了，当地的人们聚集在一起，江面上浮起了五彩的龙舟。屈原的词章从哪一年消失的呢？悲伤的歌谣从奋力划桨的这一刻开始了。杨树做成的槌子击打着大鼓，宛如天上的雷声阵阵，龙舟在水流暗涌之间齐头并进，声势浩大。龙舟宛如蛟龙遇雨一般，全身上下都在奋力地抖动着，无数龙舟并排在一起，又像是一座浮桥连接着两岸。刺史大人端坐在帷帐之中，宣布龙舟竞渡活动的名次和胜利者。最先到达终点的勇士们欢欣鼓舞，失败的勇士们则神情沮丧。胜败之事原本就难以预料，没有人会是永远的赢家。按照这里的风俗，人们对最后的胜败最感兴趣，也最为看重，纵观整个沅江之水，白云低垂在那水草交接的地方。两岸的彩旗映照在沅江之中，青年男女们在水面低浅处游玩嬉戏。日暮时分，竞渡结束，人群散去，唯有那招屈亭前的沅江之水，依然昼夜不停地滚滚东去。

刘禹锡的这首长诗，讲述了沅江上的一次赛龙舟活动。沅江，位于湖南省，属于洞庭湖的支流，正是当年楚国的核心地区。因此，当地的人们对屈原的感情很深，节日的气氛也最为浓厚。一年一度的端午赛龙舟，他们当然不会错过，看中比赛结果也就不足为奇了。

2006 年，端午节被国务院列入第一批国家非物质文化遗产名录。

2009 年，联合国教科文组织将端午节列入人类非物质文化遗产代表作名录，这是中国首个入选世界非物质文化遗产的节日。

七夕节

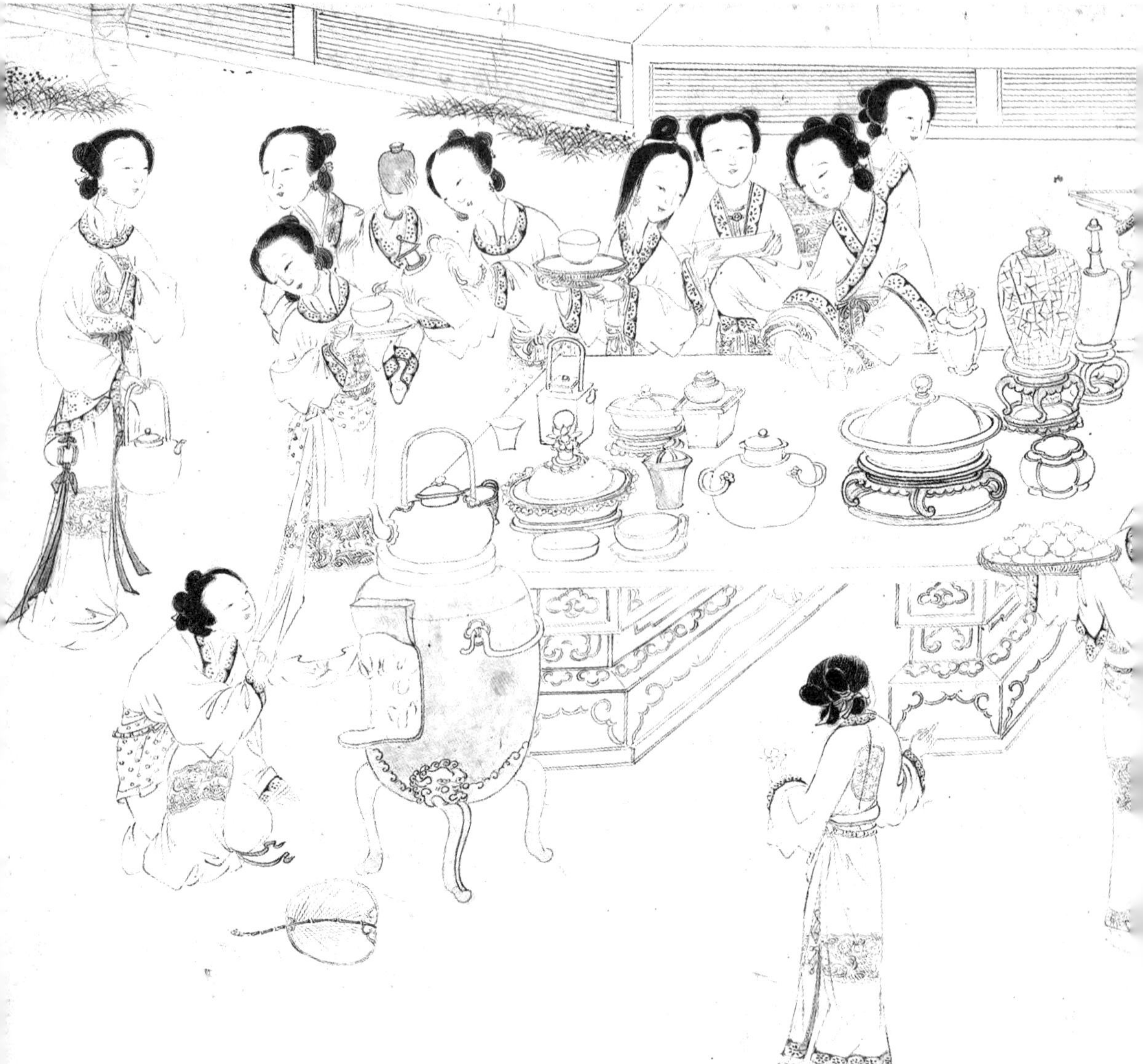

（明）仇英　乞巧图（局部）

或以其酒,不以其浆。鞙鞙佩璲,不以其长。维天有汉,监亦有光。跂彼织女,终日七襄。

虽则七襄,不成报章。睆彼牵牛,不以服箱。东有启明,西有长庚。有捄天毕,载施之行。

——节选自《诗经·小雅·大东》

东方国民也许认为它是美酒,西部贵族却并不以为它是甜浆。送给东方国民的玲珑玉佩,西部贵族也并不以为它是值得收藏的珍宝。仰望那高天之上的灿烂银河,如同明镜一般熠熠生辉。只见那近旁的织女星,七次移位运转,昼夜不停。

虽然一天一夜七次移位运转,却终归不能织成美丽的锦布。再看那颗明亮的牵牛星,也不能像人间的真牛那样,可以拉动车厢。无论是东部天空之上的启明星,西部天空之上的长庚星,还是那又弯又长的天毕星,都倾斜着添列在银河的旁边。

以上这首诗节选自《诗经》。织女星,就是指织女,而牵牛星,即指牛郎。它们之间有着一条群星璀璨的明亮地带,那就是浩瀚的银河。

这是古籍中关于牛郎织女的最早记载,为后来牛郎织女的伟大爱情故事提供了雏形。牛郎织女的故事在我国可以说是家喻户晓,它与孟姜女哭长城、白蛇传、梁祝一起,被并称为中国古代四大民间传说。这四个传说故事都是关于爱情的,且结尾都以悲剧收场。与其他三个略有不同的是,牛郎织女的故事最终演变成了一个传统节日,这就是七夕节。

七夕节,又名乞巧节,现在又被称为中国的情人节,时间是农历的七月七日。

关于它的来历,相信很多人都略知一二,这就是牛郎与织女的故事,一个千古流传的爱情故事。历朝历代关于这个故事的版本较多,说法也有些出入。后来，明代的才子朱名世集各家之所长，写成了章回体小说《牛郎织女传》，其主要内容大致是这样的：

相传，牛郎原本是玉帝身边的十二位金童之一，长得眉清目秀，俊朗不凡。有一天，西圣母派他去取一只珊瑚八宝温玉杯，结果他在瑶池遇见了织女。这织女本是玉帝的外甥女，主要职责就是为天庭织锦，生得是端庄秀丽，闭月羞花。牛郎在一旁看呆了，无可救药地爱上了她。他向织女表达了爱意，并摘下了织女头上的一朵梅花。

天下没有不透风的墙，这件事终究让天庭知道了。玉帝大怒，罚织女继续织锦，牛郎则下凡到人间受苦。

于是，南阳城西的牛家庄便有了一个聪明忠厚的小伙子，名叫牛郎。他父母早亡，只好跟着哥哥嫂子过日子。嫂子马氏为人狠毒，经常虐待他，逼他干很多重活。

一年秋天，嫂子马氏逼他去放牛，给他九头牛，却让他有了十头牛时才能回家。牛郎无奈，只好赶着牛出了村。

当时，牛郎在天上的好友金牛星看不过去了，就化作牛郎身边的一头老牛，帮助他渡过难关。

过了整整十三年后，二人受罚期满，玉帝也终于大度了一次，为二人赐婚。婚后，二人贪恋爱情，整天你侬我侬的，荒废了天职，也忘记了向西圣母谢礼，被西圣母告状。于是，玉帝又怒了，罚二人分居在银河的东西，永生不得相见。

有情人却不能厮守在一起，织女每天只能以泪洗面，牛郎也是孤苦伶仃的。太上老君以及太白金星看不过去了，觉得这样的惩罚太严重了，便向玉帝求情。玉帝开恩了，准许他们每年的七月七日相会一次，可以隔河相望。那年七月七日一到，眼见恩爱的两人就要见面了，中间却隔着一条波涛汹涌的银河。牛郎和织女分别站在银河的两岸，只能相对哭泣流泪。

最终，他们的忠贞爱情感动了喜鹊，顷刻间有成千上万只喜鹊飞来，在银河的两岸搭成了一座鹊桥,让牛郎和织女能够走上鹊桥相会。

西圣母对此无可奈何,但她规定,只允许两人在每年的七月七日于鹊桥相会。

关于这则故事,民间传说中还有许多小细节,比如农历七月七日这一天,人间的喜鹊都不见了,因为都跑到天上搭鹊桥去了。还有,传说牛郎星旁边的两颗较暗的星星,正是牛郎与织女所生的两个孩子,一男一女,而织女星旁边环绕的一组星星,形状像极了一个梭子,这正是织女织锦时所用的。

关于牵牛和织女的民间故事起源很早,前面的《诗经·小雅·大东》一篇,已经写到了牵牛星和织女星,但还只是作为两颗星来写的。到了魏晋时期就具体多了,在曹丕的《燕歌行》、曹植的《洛神赋》中,牵牛和织女就已经成为夫妇了。曹植在他的名篇《九咏》中还进一步写道:"牛郎作为丈夫,织女作为妻子,他们分居在银河的两边,每年的七月七日才能相会一次。"这是当时最明确的记载。由此可见,大约在这时候,牛郎和织女的故事已经基本成型了。而《古诗十九首·迢迢牵牛星》则更为详细地为我们讲述了这个故事:

> 迢迢牵牛星,皎皎河汉女。
> 纤纤擢素手,札札弄机杼。
> 终日不成章,泣涕零如雨。
> 河汉清且浅,相去复几许!
> 盈盈一水间,脉脉不得语。

那遥远而明亮的牵牛星,那遥远而皎洁的织女星。织女正摆动着那双柔长且洁白的双手,织布机札札地响个不停。因为想念牛郎,她一整天也织不出什么花样来,只有哭泣的泪水零落如雨。只隔了一条清清浅浅的银河,但却不得相见。相隔在银河两边,只能脉脉含情,相视无言,痴痴地凝望着对面。

不难看出，这个故事从一开始就博得了所有人的同情，同情他们有情人难成眷属。

唐代大诗人杜甫写有一首《牵牛织女》，也表达了对这件事情的看法，只见其开头写道：

> 牵牛出河西，织女处其东。
> 万古永相望，七夕谁见同。
> 神光意难候，此事终蒙胧。
> ……

牵牛星位于银河的西面，织女星位于银河的东面。从古至今，他们二人永远隔河相望，唯有七月七日这一天才可以相见一次。神明的想法真是难以揣摩啊，这件事真的让人觉得希望渺茫……

杜甫认为，造成牛郎织女悲剧故事的正是上意，正因为玉帝的想法难以揣摩，才造成了有情人难以团圆相守。

在所有写七夕的唐诗中，最著名的当属杜牧的这首《七夕》了：

> 银烛秋光冷画屏，轻罗小扇扑流萤。
> 天阶夜色凉如水，卧看牵牛织女星。

秋夜时分，白色的烛光映照着冷清的画屏，我手执绫罗小扇，轻盈地扑打着飞动的萤火虫。天街上的夜色犹如井水一般清凉，我卧在竹榻上仰望星空，只见那牵牛星正对着织女星。

农历七月七日，酷热的暑气渐渐消退，夜间还是比较凉爽的，杜牧心感怅意，写下了这首小诗。

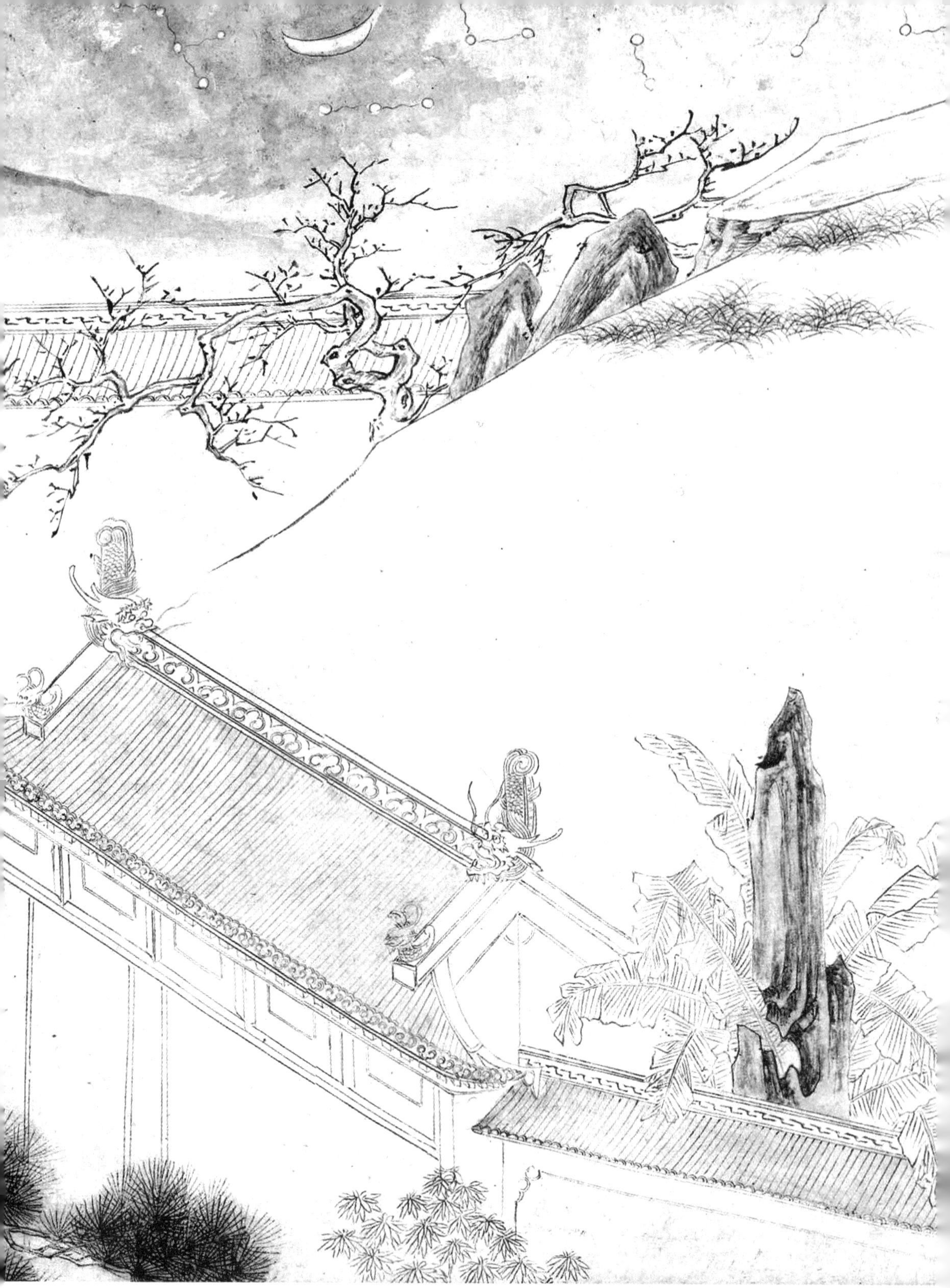

(明)仇英 乞巧图(局部)

在今天的我们看来，七夕节就是情人节，男女之间互吐爱意，相互赠送小礼物，然后相约一起去看电影、吃饭等。但在古时候，七夕节其实跟男子并无多大关系，主要是女子参与其中。不论是豆蔻年华的少女，还是已经嫁作人妇的女子，都非常钟情于这一节日。

这是为什么呢？

因为我国拥有最漫长的农耕文明，也就是小农经济，一家一户，男耕女织，自给自足。在我国古代男尊女卑的社会宣扬一种"女子无才便是德"的观点，女性主要职责在于勤俭持家、女红针线、相夫教子，即便是出生在书香世家的女子，针线织布也是她们学习的核心内容。男子就不一样了，可以去读书考试，可以去建功立业，也可以去耕地劳作，甚至还可以去经商挣钱。

《红楼梦》中的女子个个优秀，琴棋书画，诗词歌赋，样样精通。但辈分最高的贾母却说：这些个姑娘家的，哪里读的什么书，不过是不当个睁眼瞎罢了。可见，在她看来，女子读书是没有什么用处的。满腹诗书的薛宝钗劝说同样满腹诗书的林黛玉时说：读诗书，只能野了性子，针线女红才是我们这些女子的正道啊！

由此可见，心灵手巧对古代女子的重要性。

问题来了，女子都想要心灵手巧，针线织布样样精通，那么该向谁学习呢？她们需要一个偶像，最终她们找到了织女。织女可是出了名的心灵手巧，织出的锦布把天界装饰得美轮美奂。

后来，每到农历的七月七日，也就是牛郎织女鹊桥相会的日子，姑娘们就会来到花前月下，抬头仰望星空，寻找那银河两岸的牛郎星和织女星，希望能够看到他们一年一度的相会，借此机会，也乞求上天让自己能够像织女那样心灵手巧，同时祈祷自己能有一桩称心如意的美满姻缘，由此形成了乞巧节。

乞巧节始于汉代。

据西汉《西京杂记》记载："汉彩女尝以七月七日穿七孔针于开襟

楼。"就是说，西汉时期，在七月七日这一天，宫女曾经在开襟楼表演穿七孔针。

到了魏晋南北朝时期，民间乞巧的习俗已经相当普遍。每到七月七日这天晚上，我国许多地方的年轻女子都要举行别致的活动，用茶、酒、水果、桂圆、红枣、榛子、花生和瓜子作为供品，遥拜天上的织女，向织女乞求智慧和巧艺。

遥拜完之后，她们会坐在一起比试针线活，看谁在同一时间内穿的针孔多。穿的越多的，说明她得到的巧也就越多，后来又慢慢演变出了形式多样的比赛内容。

南北朝诗人柳恽就有一首名为《七夕穿针》的诗作：

代马秋不归，缁纨无复绪。
迎寒理衣缝，映月抽纤缕。
的皪愁睇光，连娟思眉聚。
清露下罗衣，秋风吹玉柱。
流阴稍已多，馀光亦难取。

丈夫的战马到了秋天还未归来，闺中的女子没有心情整理自己的各色衣裳。迎着月光，耐着寒夜，独自在小楼中悉心缝制丈夫的行装。她眼波明媚，却愁绪难舒，眉黛纤长，却积聚了愁思。清露滴落在衣衫上，秋风吹拂着晶莹的弦柱。光阴流转，稍纵即逝，你我如同那牛郎织女一般，再也难以相聚了吗？

在唐诗中，女子七夕乞巧更是被屡屡提及。诗人王建就有"阑珊星斗缀珠光，七夕宫娥乞巧忙"的句子，意思是说，七夕之夜，天空中稀疏的星斗点缀着珠光，后宫的宫女们正忙着向织女乞巧呢。而据《开元天宝遗事》中记载，唐太宗与妃子每逢七夕这一天，都会在清宫夜宴，宫女们则各自乞巧。

这一习俗在民间也经久不衰，代代延续。大诗人孟浩然就写有一首《他乡七夕》：

> 他乡逢七夕，旅馆益羁愁。
> 不见穿针妇，空怀故国楼。
> 绪风初减热，新月始临秋。
> 谁忍窥河汉，迢迢问斗牛。

作客他乡，恰逢七夕，身处馆驿之中，让人倍感羁旅之愁。远离家乡，再也看不见妻子在月下穿针乞巧了，空自怀念家乡的山水楼台。夜晚的余风吹来，已不再如盛夏那般炎热，新月升起，秋天来临了。我抬头遥问斗星和牛星，谁忍心看那天上的银河。

诗人在七夕之夜作客他乡，看不见妻子在月下乞巧，也看不见故乡的草木，于是他对月怀人，思念家乡，生出了无限的羁旅穷愁。

即便是处在五代十国的乱世之中，乞巧节也依然顽强地留存了下来。五代后唐时期的诗人杨璞在《七夕》一诗中这样写道：

> 未会牵牛意如何，须邀织女弄金梭。
> 年年乞与人间巧，不道人间巧已多。

每逢七夕，人们都从未理会牛郎的意见究竟是什么，都在邀请织女摆弄自己的金梭。织女年年赐给人间巧，却从来不说人间的巧已经够多了。

到了宋元时期，随着商品经济的发展，七夕乞巧变得更加隆重。京城中设有专门卖乞巧物品的市场，人们都称它为乞巧市。每每快到七夕的时候，乞巧市上简直就成了人的海洋，只见各色女子行走其间，左挑右拣，购买自己心仪的物品。

但北宋大诗人梅尧臣在《七夕》一诗中却这样说：

> 古来传织女，七夕渡明河。
> 巧意世争乞，神光谁见过。
> 隔年期已拙，旧俗验方讹。
> 五色金盘果，蜘蛛浪作窠。

自古以来就流传着织女的故事，传说七夕这一天她会来渡银河。心灵手巧，世间的女子都在争相乞求，但是又有谁真的见过她呢？隔年再拿出自己的针线活一看，就知道自己的不足了，那些比巧的所谓旧俗就是假的嘛！那盛装着五子供品的果盘，蜘蛛正在里面大肆结网呢！

这是在赤裸裸地讥讽乞巧节啊！想必是诗人对当时的女子过分看重乞巧表示不以为然，于是写下了这首诗。

当然，也有歌颂牛郎织女伟大爱情的。秦观在他那首千古传诵的名篇《鹊桥仙》中这样写道：

> 纤云弄巧，飞星传恨，银汉迢迢暗度。金风玉露一相逢，便胜却人间无数。
> 柔情似水，佳期如梦，忍顾鹊桥归路。两情若是久长时，又岂在朝朝暮暮。

纤薄的云彩在天空中变幻无穷，天上的流星传递着相思的愁怨，遥远无际的银河今夜悄悄渡过。在秋风白露时节的七夕一相会，便胜过尘世间无数长相厮守的夫妻。

牛郎与织女柔情似水，共诉着相思，短暂的相会如梦幻一般，分别之时不忍去看那鹊桥搭成的路。只要两情至死不渝，又何必贪求那朝朝暮暮？

这首词是秦观的代表作，是他最知名的作品，也是一曲纯情的爱情颂歌，尤其是最后两句"两情若是久长时，又岂在朝朝暮暮"，不知安慰了多少少男少女的失落之情，使词的思想境界升华到了一个崭新的高度，成为千古名句。

中国的七夕节还远播到日本、韩国、越南等国。

日本的七夕节延续了"乞巧"的风俗与习惯，但是与爱情无关。原本也是在农历七月七日这一天，但到了明治维新之后，日本废除了农历，所以，日本的七夕节是每年阳历的七月七日。此外，日本各地每年夏天还会举办一年一度的"七夕祭"，人们身穿传统服装，载歌载舞。

韩国七夕最具代表性的风俗，就是乞求织女星，希望自己也能跟她一样，有一双灵巧的手。韩国七夕的饮食也很有讲究，传统食品有面条、麦煎饼、蒸糕等。

2006年5月20日，七夕节被国务院列入第一批国家非物质文化遗产名录。现在又被认为是"中国情人节"。

中元节

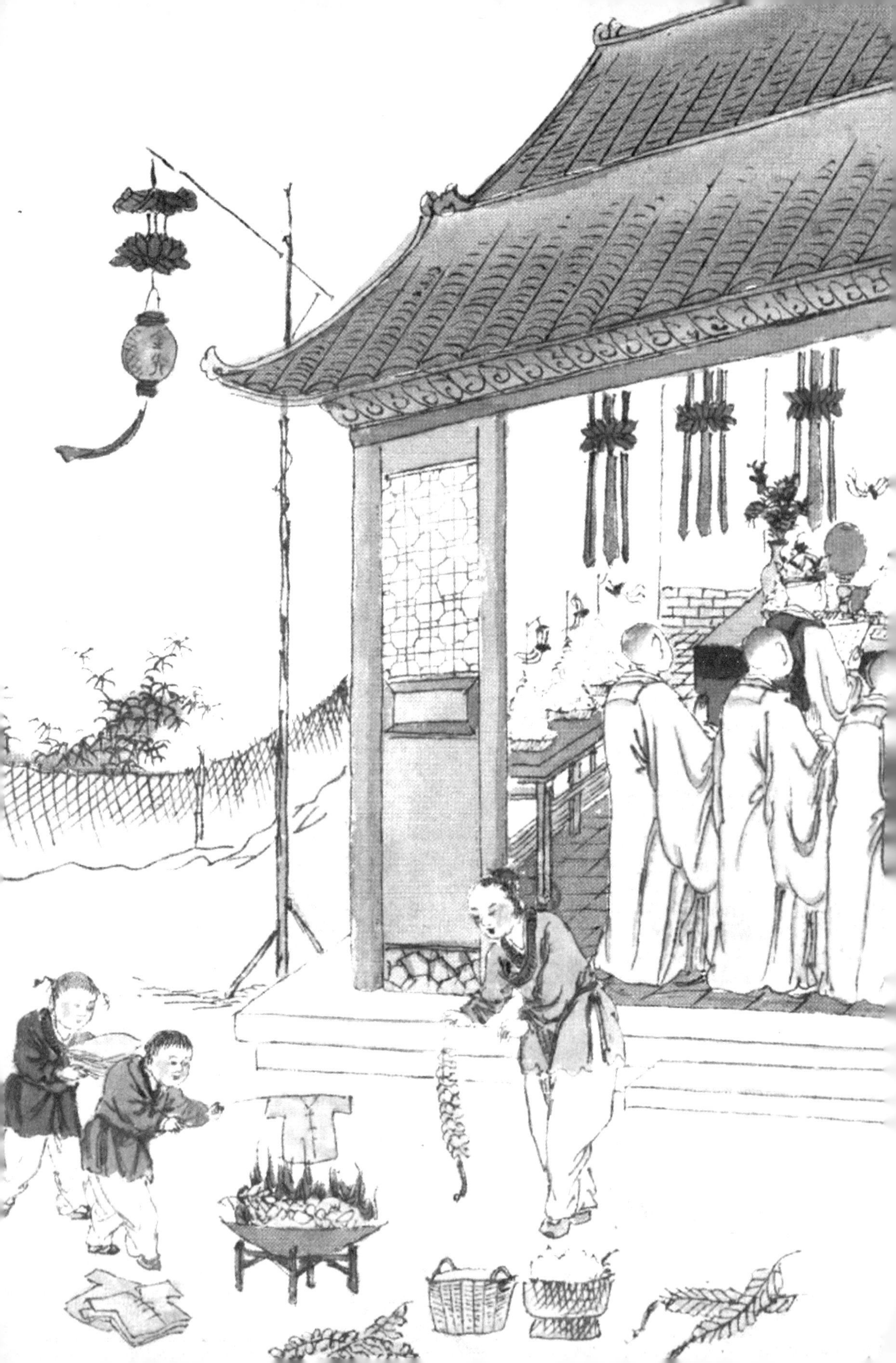

> 绛节飘飘宫国来，中元朝拜上清回。
> 羊权须得金条脱，温峤终虚玉镜台。
> 曾省惊眠闻雨过，不知迷路为花开。
> 有娀未抵瀛洲远，青雀如何鸩鸟媒。
>
> ——《中元作》

唐代，农历七月十五日中元节到来时，皇宫中飘满了红色的符节。大臣们依次排着队，去往上清宫朝拜地官。大诗人李商隐作为当时的官员，也有幸参与了这个活动。这首诗写的就是当时中元节的盛况。此时，传统的七夕节刚过，正好在中元节这一日，李商隐又遇见了年少时的梦中情人，只是桃花依旧，物是人非，他们早已经回不去了。为此，多情的李商隐在中元节写下了这首诗，为我们讲述了一段纯洁而凄婉的爱情故事。

中元节，俗称鬼节、七月半，农历七月十五日，部分地区在七月十四日。佛教称之为盂兰盆节，中元节是道教的说法。

道教是土生土长的中国宗教，经过漫长的时间演变，形成了一套复杂的思想理论体系。

如今可能大家会觉得道教的影响力比不上佛教、伊斯兰教和基督教。但实际上，道教已经悄无声息地融入了我们日常的生活和思维习惯之中。

比如农村的葬礼，几乎都是按照道教的规定，来确定各种仪式的日期和行为规范；再比如各种所谓的黄道吉日，还有对当代影响最深的风水学。不仅如此，道教的影响力还远播海外。

道教，发源于春秋战国时期的道家思想，因此，道家的创始人老子，也就成了后世道教的太上老君，地位崇高。

中元节就是道教的节日。道教将正月十五日月圆之夜定为上元，将七月十五日月圆之夜定为中元，将十月十五日月圆之夜定为下元。上元日是天官的诞辰，也就是生日，中元日是地官的生日，而下元日则是水官的生日。其中，天官的职责是给人间赐福，地官主要负责分辨善恶、赦免罪孽，水官则是解除厄运的。

因此，根据道教的说法，在七月十五日中元节这一天，地官会降临人间，分辨人间的善恶。而道观里的道士在这一天就比较忙了，搭建法坛，日夜诵经，超度亡灵，让那些孤魂饿鬼也能够得到解脱。

民间老百姓则有另外一种认知，他们单纯地将这一天命名为鬼节。百姓的想象力十分丰富，他们认为，既然七月十五日是地官的生日，而地官就是掌管地狱之门的人。既然人家要过生日，当然就不用上班了，所以这一天地狱之门无人看管，阴曹地府里的鬼魂会被全部放出来。这些鬼魂游历到民间，就可以回家团圆了。所以民间在这一天都会进行祭祀鬼魂的活动，点荷灯为死者照亮回家的路。尤其是那些刚有人去世的家庭，更是会在这一天上坟祭祀。因此，在民间看来，中元节就是以祭祀鬼魂为中心的节日，这样，中元节也就成了中国民间最大的鬼节。

关于中元节，道教和佛教有着不同的解释，佛教称中元节为盂兰盆节。

盂兰，倒悬的意思，就是头向下、脚向上悬挂着，比喻处在极其艰难、危险的困境当中；盆，就是我们家庭中日常使用的器皿。盂兰盆，就是解救倒悬的意思，按照佛教的解释，就是解救那些处在艰难危险中的饿鬼。

那什么是饿鬼呢？就是指那些肚子极大、咽喉却极小的鬼，因为咽喉极小，根本吃不下任何食物，所以永远填不饱肚子，永远处在饥饿状态中。

按照佛教的典故，这个节日是这么来的：相传，佛祖释迦牟尼在世时，共收了十位徒弟，其中有一位徒弟名叫目犍连。在目犍连得道成佛之前，他的父母都已经去世了。但由于目犍连很挂念已经死去的母亲，就用了天眼通这种法力，想看看母亲在地府中究竟是如何生活的。不看不知道，一看吓一跳，原来他的母亲已经变成了饿鬼，吃的喝的都没有，十分可怜。目犍连看了之后非常心痛，于是又运用自己的法力，将一些饭菜拿给地府中的母亲吃。谁知饭菜刚一送到她的口边，就立即化为了火焰。为了不让自己的母亲受苦，目犍连将母亲的情况告诉了佛祖释迦牟尼。佛祖训斥说：所谓善有善报，恶有恶报，你母亲在世时种下了不少的罪孽，所以死后才堕入饿鬼道中，万劫不复。这种孽障可不是我一个人就能够化解的，必须联合十方众僧的威力才行。七月十五日这一天，你得准备水果、米饭、香油、器皿、蜡烛等物，供养十方大德众僧，他们才会联手拯救你的母亲。目犍连按照佛祖的指示照做了。最终，在众僧的帮助下，目犍连的母亲终于脱离了饿鬼道。

因此，到了农历七月十五日这一天，佛门众僧都会举行大型的祭拜仪式，设法坛，诵经念佛，以超度一众的亡魂饿鬼。

其实，完整的盂兰盆会仪式非常复杂，但也十分热闹，常常持续到深夜。其中最后一项仪式是放河灯，烧法船，烧用纸糊的"灵房"等。在一片火光中，仪式正式结束。放河灯，是为了照亮孤魂饿鬼回家的路；烧法船，是为了让饿鬼能够渡河；烧灵房，是为了让那些孤魂野鬼有个栖身之所。

不难看出，在农历七月十五日这一天，无论是道教还是佛教，都有设坛诵经的仪式，这种仪式在魏晋南北朝时期就开始流行起来了。

到了唐代，由于皇家姓"李"，而道教的创始人老子也姓"李"，所以统治者十分推崇道教，一时间名人学士修道成风，大诗人李白就是其中之一；那些皇家的公主们，也纷纷当起了道姑，穿上了青衣女冠，比如玉真公主。又因为一代女皇武则天曾经当过尼姑，因此对佛教比较推崇。由于统治者推崇道教与佛教，因此中元节的仪式更加隆重，各种习俗也广泛流传到了民间。

每年到了农历七月半这一天，人们都会宰鸡杀鸭，焚香烧衣，拜祭由地府放出来的饿鬼，以化解他们的怨气，使得他们不会贻害人间。久而久之，就形成了鬼节的各种风俗。

唐代诗人卢拱在《中元日观法事》一诗中，就为我们描绘了当时中元节的盛况：

> 西孟逢秋序，三元得气中。
> 云迎碧落步，章奏玉皇宫。
> 坛滴槐花露，香飘柏子风。
> 羽衣凌缥缈，瑶毂转虚空。
> 久慕餐霞客，常悲习蓼虫。
> 青囊如可授，从此访鸿蒙。

西方的盂兰盆节，恰逢秋天的开始，道教所谓的上、中、下三元，正值中元。云彩迎着天上神仙的脚步徐徐而来，人间善恶的奏章呈禀到玉皇宫内。法坛滴下充溢着槐花香气的露水，清风吹来，带来了柏子的香味。道士身披的羽衣若有似无，美玉一般的转轴在空中转动。一直以来我都很仰慕那些修仙学道之人，常常为那些麻木生活的人感到悲哀。若是能够传授我道家之术的话，我愿意从此以后修仙学道。

这是一个仰慕修道成仙的唐代诗人，可见在当时的唐朝，道家的地位是如何崇高。

李商隐的恩师令狐楚也有一首关于中元节的诗篇《中元日赠张尊师》：

> 偶来人世值中元，不献玄都永日闲。
> 寂寂焚香在仙观，知师遥礼玉京山。

张尊师您偶尔来世俗之地正值中元，如果不是因为中元，我想尊师您肯定整日修身养性。一个人在仙观里焚香而坐，知道您在玉京山，我只能在此遥遥献礼。

令狐楚位极人臣，但依然礼尊道教，对道教的尊师推崇备至。

到了宋代，道教远没有像唐代时那样受到全社会的推崇了，但中元节依然流行。北宋著名政治家、文学家范仲淹在《中元夜百花洲作》中这样写道：

> 南阳太守清狂发，未到中秋先赏月。
> 百花洲里夜忘归，绿梧无声露光滑。
> 天学碧海吐明珠，寒辉射空星斗疏。
> 西楼下看人间世，莹然都在青玉壶。
> 从来酷暑不可避，今夕凉生岂天意。
> 一笛吹销万里云，主人高歌客大醉。
> 客醉起舞逐我歌，弗舞弗歌如老何。

南阳太守意气风发，还没到中秋之夜呢，就已经在中元日这天赏月饮酒了。只见他在百花洲中尽情欢饮，竟忘了归去，周围绿色的梧桐静默无语，露水光滑。天上的明月也学起了碧绿的大海，吐纳出一颗颗明珠，清冷的月光洒下，星光稀疏难辨。站在西楼，看周遭人间的一切，光洁明亮的样子，仿佛都在这青色的玉壶之中。夏季的酷暑从来都是无法避免的，今天晚上夜凉如水，难道这不是天意吗？笛声吹来，吹散了天空中的朵朵白云，主人放声高歌，客人皆喝得酩酊大醉。客人醒来之后跳起舞来，呼唤我来高歌一曲，不放歌不舞蹈叫我如何老去啊！

从这首诗来看，一直忧国忧民的范仲淹终于放松了一次，不仅放声高歌，还手舞足蹈起来，可见写这首诗时他的心情愉悦。

由于中国人一直对鬼神心怀敬畏，因此，即便是到了明清时期，中元节依然长盛不衰。但这时候的中元节已经渐渐背离最初的意义，变得热闹喜庆，徒有其形了。

清代文人王凯泰曾写有一首《中元节有感》，描写的是福建一带过中元节的习俗：

> 道场普渡妥幽魂，原有盂兰古意存。
> 却怪红笺贴门首，肉山酒海庆中元。

看那道场之中普渡亡魂的仪式，颇有几分古时候盂兰盆节的样子。奇怪的是，家家户户都在门楣贴上红色的笺纸，老百姓都在那堆满酒肉的桌子上庆祝中元了。

在中元节的习俗之中，最得年轻人尤其是小朋友们喜爱的，莫过于放河灯了。放河灯，最初是从寺庙里的僧人开始的，为的是照亮孤魂饿鬼回家的路。后来竟慢慢演变成了一项娱乐活动，就像放孔明灯，也像现在的漂流瓶。

清代诗人庞垲的《长安杂兴效竹枝体》一诗，形象地描绘了中元夜儿童手拿河灯结伴游乐的情景：

万树凉生霜气清，中元月上九衢明。
小儿竞把青荷叶，万点银花散火城。

中元月圆之夜，树木生凉，月色如霜，只见城中街道，一片灯火通明。儿童个个手拿着河灯，这一盏盏河灯，散落到了城中的每一个角落。

按照佛教的盂兰盆会习俗来看，放河灯只是其中的一个小小的节目，并不显得有多么重要。但在民间的中元节活动中，放河灯则重要得多。河灯，也叫"荷花灯"，一般是在底座上放置一根蜡烛，在中元节这天晚上，将它放到江河湖海之中，任其漂流。

总之，在农历七月十五日这一天，道教强调孝道，要祭祀祖先；佛教则侧重于为那些从阴间放出来的无主孤魂做"普渡"，而民间则出于孝道和敬畏。

其实，我们还可以这么来理解，中元节在初秋，有若干农作物成熟了。民间按例是要祭祖的，用什么呢？就用刚收获的新米来祭祀，向祖先报告一下。因此，每到中元节，家家都会上坟扫墓，祭祀祖先。

我们今天讲中元节，不是讲封建迷信，而是要深刻地认识到中元节祭祀的意义所在，一是弘扬怀念已故先人的孝道，一是发扬乐善好施的义举。因为无论是道教还是佛教，对于传统的中元节，都是从慈悲的角度出发，这正是一种爱的体现。

中秋节

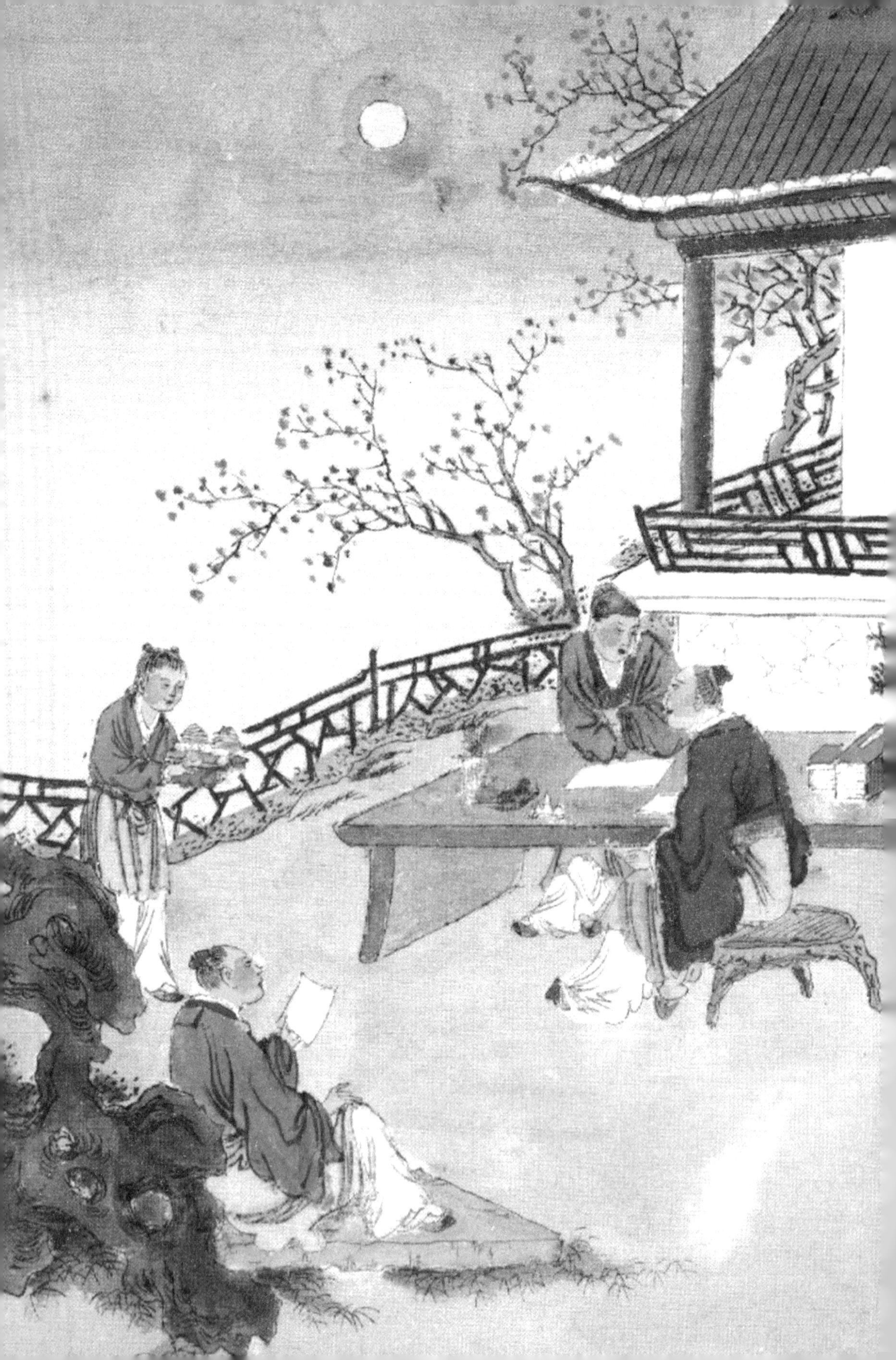

> 海上生明月，天涯共此时。
> 情人怨遥夜，竟夕起相思。
> 灭烛怜光满，披衣觉露滋。
> 不堪盈手赠，还寝梦佳期。
> ——《望月怀远》

海上升起了一轮明月，四海之内同赏这一美好时刻。有情之人在怨恨长夜漫漫，在这美好的夜晚都起了相思之情。吹灭烛火，月光满屋，惹人怜爱，披衣起来，露水在不知不觉中沾湿了衣衫。不能手捧美丽的银光赠予你，还是期待在梦中与你相聚吧！

这是唐代诗人、宰相张九龄写的一首诗，一句"海上生明月，天涯共此时"，成了国人心目中对中秋月圆之夜的最好诠释。

中秋节，又称月夕、秋节、仲秋节，时间是农历的八月十五日。

中秋节是中国四大传统节日之一，对中国人的意义十分重大，可以说仅次于春节。

中秋一词，最早见于《礼记》。《礼记·月令》上说："仲秋之月养衰老，行糜粥饮食。"意思是说，中秋时节适宜滋养老年人，要赐粥给他们喝。

关于中秋节的起源，说法比较多，主要有以下两种：

一种说法是，它起源于古代帝王的祭祀活动。根据《礼记》上记载：周天子春季的时候朝拜太阳，秋季的时候祭祀月亮。说明早在春秋时期，古代帝王就已经开始祭月拜月了。

既然周天子都这样做，那些贵族官吏和文人学士自然也就争相仿效，渐渐地也就传到民间去了。再后来，拜月就自然而然变成了赏月。赏月又太单调，要是可以一边吃喝一边赏月，那就太好了，于是，月饼就出现了。农历八月十五日正是桂花飘香的时节，于是，又出现了中秋赏桂、吃桂花糕、喝桂花酒的习俗。

另一种说法是，中秋节的起源和农业生产有关。要知道，中国的农业史悠久且漫长，创造出了辉煌灿烂、无与伦比的农耕文明。而秋天，正是收获的季节，所以又叫做秋收时节。

秋，"禾"字旁加一个"火"字，单从字面上来解释，可以理解成禾苗金灿灿的，像着了火一样，也就表示成熟了。八月中秋日，农作物以及各类果实蔬菜都陆续成熟，农民伯伯们为了庆祝丰收，表达自己的喜悦之情，便以八月月圆之夜作为节日，中秋节由此而来。

其实，中秋节之所以能在古代盛行，且长盛不衰，原因很简单。古人把每个季节都按照"孟、仲、季"来划分。孟春也就是指初春，仲夏当然指的是盛夏。秋天也是一样，分为孟秋、仲秋和季秋。秋天在古代为农历七、八、九三个月份，八月当然属于仲秋，八月十五日又刚刚好将秋天平分。而此时，月亮距离地球最近，既大又圆，加上又是秋高气爽的时节，天空一片明净，明月高悬其中，皎洁而晶莹，人们自然会把祭月拜月的习俗演变成为中秋赏月，可以说是"一年月色最明夜，千里人心共赏时"。据考证，中秋赏月的习俗在魏晋时期就已经出现了。

中秋时节，庄稼成熟，瓜果飘香，为了庆祝丰收，慰劳自己大半年以来的辛苦，农民伯伯们总是一家人围坐在一起，畅谈这大半年以来的收成得失。因此，中秋节又慢慢变成了团圆节。

古代的文人最爱中秋节了，因为这时节秋高气爽、丹桂飘香、玉阶生露、明月圆满，正是他们抒情感怀的最佳时刻。离家的自然要思乡，想念自己的妻子儿女；在家的则会感念日月，抒写人间好时节；人生得意的必然会志满意得，举杯邀明月；那些失意的则会望月兴叹，怨世间不平事。

唐代大诗人杜甫在某一年的中秋恰巧遇上了"安史之乱"，导致一家人分别离散，各自天涯，于是，他写下了《月夜忆舍弟》：

> 戍鼓断人行，秋边一雁声。
> 露从今夜白，月是故乡明。
> 有弟皆分散，无家问死生。
> 寄书长不达，况乃未休兵。

戍守的城楼之上响起了禁止通行的鼓声，中秋时节的边境传来了孤雁的阵阵哀鸣。今夜便到了白露时节，还是觉得家乡的月亮更明亮一些。虽然我有兄弟几人，但都因为战乱而天各一方，已经无法探听到他们的生死了。即便想寄封书信去询问，也不知该送往何处，何况天下依旧兵戈不断、战乱不止。

杜甫的一生充满了艰辛与坎坷，长期居无定所。在他的笔下，中秋月圆不再是瓜果飘香的美好时节，而是有家不能回、有亲人却不能团聚的不幸时刻。

盛唐诗人孟浩然在《秋宵月下有怀》中，也为我们描绘了一幅形单影只、凄凉幽冷的孤清月夜图：

> 秋空明月悬，光彩露沾湿。
> 惊鹊栖未定，飞萤卷帘入。
> 庭槐寒影疏，邻杵夜声急。
> 佳期旷何许，望望空伫立。

一轮明月高高地悬挂在天空之中，在月光的映照下，夜晚的露珠晶莹湿润。在美丽的月光下，鹊鸟不知道该到哪里栖息，萤火虫也不敢和明月争辉，而是随着卷起的门帘飞入房间。庭院中只剩下槐树的影子，在月色中显得清冷稀疏，隔壁邻居那边却传来了清晰急促的杵声。你我相隔遥远，如何去约定相聚的日子呢？只能惆怅地凝望着夜空中的这一轮明月罢了。

月亮总是出现在晚上，给人一种朦胧的意境，也最容易引发人们的愁思和遐想，这也正是中国文人中秋情结的成因。而那些古老的传说故事，更为中秋、月亮增添了一分神秘而浪漫的色彩。

关于中秋，关于月亮，有一个非常古老的神话传说，这就是嫦娥奔月的故事：

传说，在远古时期，天上共出现了十个太阳，大地变成了一个炽热的大火炉。在连续的高温天气下，河流干涸，旱灾严重，地面上的庄稼都枯死了。人们没有水可以喝，也没有食物可以吃，百姓民不聊生。

在这危急的时刻，一位力大无穷的英雄出现了，他就是后羿。为了拯救天下苍生，后羿拉开了神弓，一鼓作气，将九个多余的太阳都射了下来，只留下一个太阳按时起落。

余下的那个太阳早起晚落，从此天地间恢复了正常，百姓得以安居乐业。

后羿有一位无比美貌的妻子，名叫嫦娥，两个人郎才女貌，在一起过得非常幸福。

后来，后羿到昆仑山求道，王母娘娘送给他一颗仙药，凡人吃了能够飞升上天，成为神仙。这药当然是珍贵的好药，可惜只有一颗。后羿对嫦娥一往情深，他不愿意抛下嫦娥，一个人去天上当神仙，所以他就将仙药交给嫦娥保管。

这一日，后羿外出狩猎，嫦娥独自在家。一位奸人闯了进来，逼迫嫦娥交出仙药。在这千钧一发之际，嫦娥为了不让奸人得逞，毅然决然地吞下了仙药。

嫦娥吞下仙药之后，身体渐渐变得轻盈，飘离了地面，向着天上的月亮飞去了。

后羿回到家，得知此事，悲痛欲绝。他仰望夜空，呼唤着妻子。这一夜，月色格外皎洁，月亮中间隐约可见一个美丽的身影，那便是嫦娥。

夫妻二人从此天上人间，永远分别。后羿无比思念妻子，便在后花园中摆上香案，准备了好酒和美食，遥祭远在月宫的妻子。

这则传说在中国流传了数千年，妇孺皆知。

到了唐代，中秋已经成了当时的主要节日之一，中秋赏月的习俗也早已流行开来，风靡全国各地。

唐代诗人王建写有一首著名的《十五夜望月寄杜郎中》，讲述了自己在中秋赏月时思念家乡的心境：

> 中庭地白树栖鸦，冷露无声湿桂花。
> 今夜月明人尽望，不知秋思落谁家？

月光照射在庭院中，地上好像铺了一层霜雪，树上有无声栖息的乌鸦，清冷的露水打湿了桂花。今日夜里，人人都在遥望天上的明月，却不知，在这中秋之夜情思，究竟落入谁家？

诗人寥寥几笔，便描绘出了一个寂寥冷清的中秋之夜，道出了离乡游子心中那浓浓的愁思。

大诗人李商隐在中秋赏月时就想起了嫦娥姐姐，他在《霜月》一诗中这样写道：

> 初闻征雁已无蝉，百尺楼高水接天。
> 青女素娥俱耐冷，月中霜里斗婵娟。

初次听到了南飞的鸿雁在鸣叫，但树上的蝉鸣已停，在这百尺高楼之上，月色霜华，好似水光接天。青女与嫦娥生来都耐得住清冷寂寞，月中霜里看谁有姣好的身姿容颜。

中唐时期的诗人徐凝也在记挂着嫦娥姐姐，他在《八月十五夜》中这样写道：

> 皎皎秋空八月圆，嫦娥端正桂枝鲜。
> 一年无似如今夜，十二峰前看不眠。

农历八月的月圆之夜，月光皎洁，秋景宜人，嫦娥端庄秀美，桂花飘香。一年之中，再也没有像今晚这样美好的月色了，我在十二峰前欣赏这无边的月色，真是叫人百看不厌，无心睡眠。

到了宋代，中秋赏月更是盛行不衰。《东京梦华录》中这样记载："中秋夜，贵家结饰台榭，民间争占酒楼玩月。"意思是说，中秋之夜，富贵人家一番打扮之后，登上那亭台阁楼去赏月，而一般平民之家呢，就争先恐后地聚集在酒楼赏月，形象地描绘出北宋时期中秋之夜万众赏月的盛况。不仅如此，北宋民间还盛行中秋节放河灯，就是将蜡烛放在盒子中点燃，然后将其放入水面，任其顺流而下，灯光与月光遥相辉映，十分好看。

北宋富贵宰相晏殊在《中秋月》一诗中这样写道：

> 十轮霜影转庭梧，此夕羁人独向隅。
> 未必素娥无怅恨，玉蟾清冷桂花孤。

中秋月圆，月光洒到庭院之中，院中的梧桐树影婆娑，我独自一人作客他乡，树影在不知不觉中移动着。遥看天上的明月，想那月宫中的嫦娥，现在也未尝不感到遗憾吧！陪伴她的毕竟只有那清冷的蟾蜍和孤寂的桂树。

不过要说到咏写中秋最知名的诗词，还要属苏东坡的《水调歌头》了：

> 丙辰中秋，欢饮达旦，大醉作此篇，兼怀子由。
> 明月几时有？把酒问青天。不知天上宫阙，今夕是何年。我欲乘风归

去，又恐琼楼玉宇，高处不胜寒。起舞弄清影，何似在人间。

转朱阁，低绮户，照无眠。不应有恨，何事长向别时圆？人有悲欢离合，月有阴晴圆缺，此事古难全。但愿人长久，千里共婵娟。

丙辰年的中秋节，我独自一人高兴地喝着酒，直至第二天早晨，在大醉之后，我写下了这首词，同时思念弟弟苏辙。

明月从什么时候才开始出现的呢？我端起酒杯遥问苍天。不知道天上的宫阙，今夜又是哪一年？我想要乘御着清风去往天上，又恐怕那美玉砌成的楼宇，受不住高耸九天的寒冷。翩翩起舞玩赏着月下的清影，天宫再美，又怎比得了在人间这般逍遥自在呢？

月儿转过朱红色的楼阁，低低地挂在雕花的窗户上，照着没有睡意的自己。明月不该对人们心有怀恨吧，为什么偏在人们离别的时候才圆呢？人有悲欢离合的变迁，月有阴晴圆缺的转换，这种事自古以来就难以周全。但愿世人的亲人都能平安健康，虽然相隔千里，也能共享这美好的月色。

宋神宗时期，苏轼因反对王安石变法，在朝廷之中郁郁不得志，便要求外任为官。他辗转各地为官，先是杭州，后是密州。这首词便是苏轼来到密州两年之后所写。原本想着到密州为官，便可以离弟弟苏辙近一些，方便二人相见。谁知人算不如天算，兄弟二人终究还是没见着。于是在公元1076年的中秋之夜，苏轼面对着一轮明月，遍地银辉，心潮起伏，乘着酒兴，挥笔写下了这首名篇。

"但愿人长久，千里共婵娟"，不知安慰了多少失意人的心。苏轼的这一千古名句，也当堪比王勃的"海内存知己，天涯若比邻"，成为国人心中长长久久的祝福和愿望！

明清时期，赏月习俗依旧。明代文学家袁宏道在《中秋对月同散木作》一诗中写道：

> 百年看见几回盈，那得中秋度度明。
> 纵使清光常满满，若无胜地也平平。

百年之间能看到月亮几轮盈亏，哪比得上中秋之夜，年年都是如此明亮。可纵然月光姣好满满，若是不能在胜景之中欣赏它，也不过是平平无奇。

中秋除了赏月，当然还要吃月饼。

月饼，最初是古代中秋祭拜月神的供品。到了元朝末年，朱元璋反元，军师刘伯温利用月饼传递消息，通知将士们在八月十五日统一起义，最终推翻了元朝的统治，建立了明朝。"月饼起义"之后，明朝便有了中秋节全民吃月饼的习俗。

在许多地方，中秋节除了赏月、吃月饼之外，还有观潮、燃灯、猜谜、饮桂花酒等丰富的民俗活动。

如今，中秋节已经成为象征团圆的重要节日。中秋之夜，合家团聚，一家人围坐在桌前，喝着香醇的桂花酒，吃着香甜的月饼，共赏那一轮皎洁的圆月，欢声笑语，其乐融融。

除了中国，朝鲜、越南、日本、新加坡、马来西亚等国的华人华侨，也都在农历八月十五这一天共度中秋佳节。

正如张九龄所写"海上生明月，天涯共此时"，又如苏轼所说"但愿人长久，千里共婵娟"，无论散落在哪个地方，人间的哪个角落，只要人们都能共赏同一轮明月，心中便是怀着最深的思念和美好的祝愿！

重阳节

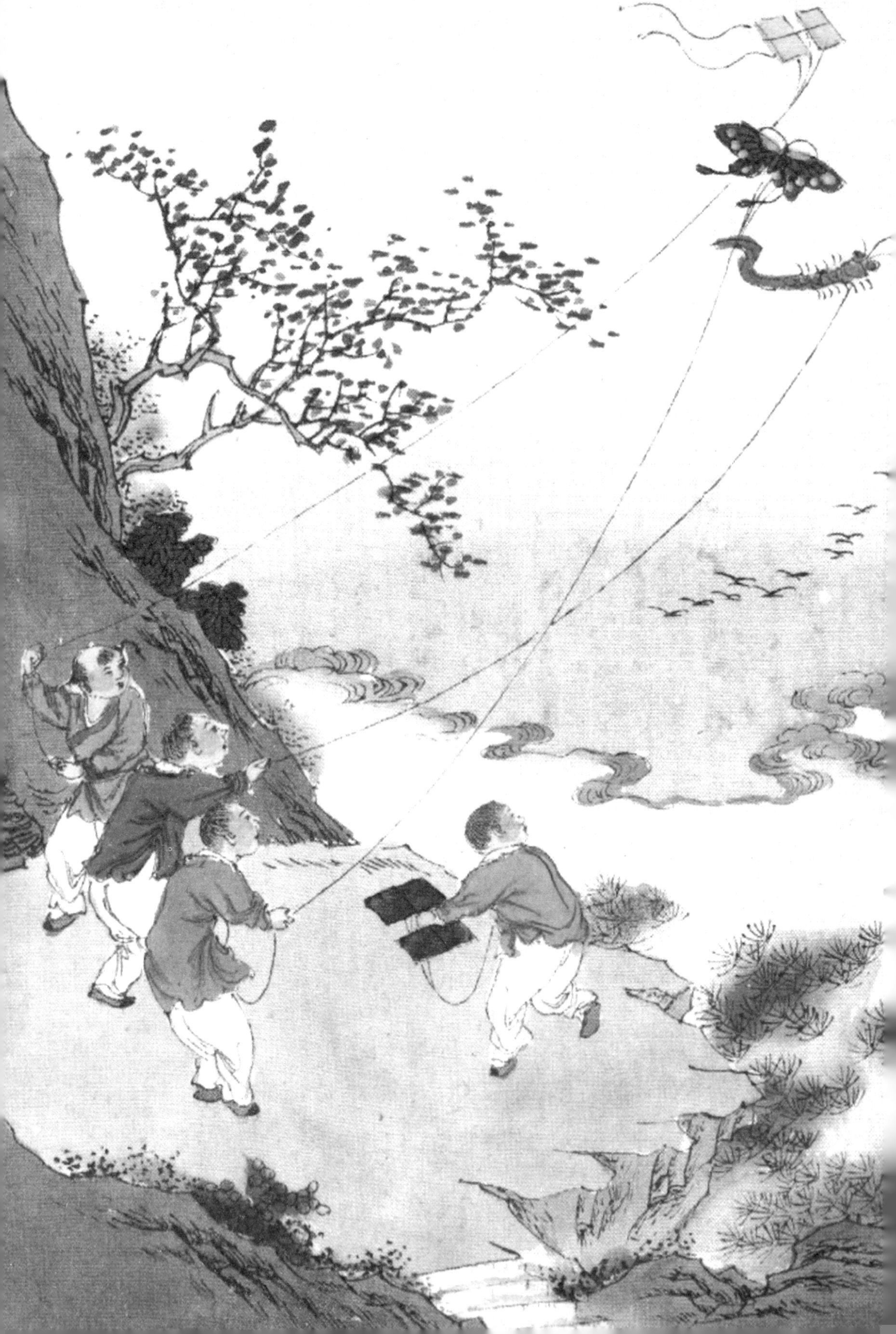

余闲居，爱重九之名。秋菊盈园，而持醪靡由，空服九华，寄怀于言。

世短意常多，斯人乐久生。

日月依辰至，举俗爱其名。

露凄暄风息，气澈天象明。

往燕无遗影，来雁有余声。

酒能祛百虑，菊解制颓龄。

如何蓬庐士，空视时运倾！

尘爵耻虚罍，寒华徒自荣。

敛襟独闲谣，缅焉起深情。

栖迟固多娱，淹留岂无成。

——《九日闲居并序》

我闲居在乡间，非常喜爱"重九"这个节日的名字。重阳的菊花开满了园子，想饮酒，可是手里的酒壶再也倒不出一滴酒来，只好握着空酒杯，独自欣赏这菊丛，因此写下此诗，以寄托怀抱。人生短暂，忧思往往有很多，可是人们还是期盼着能够健康长寿。日月星辰依照季节时令来到人间，人间的民众都喜爱重阳这好听的节日名称。露水出现，暖风已经停息了，空气澄明清澈，日月星辰分外明朗。南飞的燕子已经不见了踪影，飞来的大雁隐隐传来了余音。只有酒能驱除我的种种忧虑，也只有菊才懂得延年益寿。那居住在茅草屋中的清贫寒士，茫然地看着时运的变更。酒杯积满了灰尘，也会感到羞耻的，寒菊独自开放，也让人难以为情。整理整理衣裳，独自悠然地歌咏，在深思遐想中勾起了一片深情。休憩本身是有很多乐趣的，谁说隐居乡里就会一事无成呢？

这是东晋大诗人陶渊明写的一首五言诗。

陶渊明，中国历史上最著名的隐士，中国古代无数文人的精神偶像。

陶渊明一生最爱菊花，也爱饮酒，这首诗就描写了他在重阳节这一天赏菊的事情。本是重阳节的大好时光，气象明净，菊花盛开，朵朵都饱含着深情，为的就是来迎接重阳这个传统佳节。于是，诗人想饮酒抒怀，却发现没有酒了。最后只能安慰自己，无酒就无酒吧！只要自己能够悠然地歌咏就好。

因为陶渊明喜欢菊花，喜欢重阳，所以后世的文人便争相模仿，在重阳节这一天赏菊花、饮菊花酒。

重阳节，又称重九节、踏秋节、登高节，时间是每年的农历九月九日。

那为什么叫"重阳节"呢？

《易经》中认为，二、四、六、八是阴数，一、三、五、七、九是阳数，九就是最大的阳数。九月九日，两个"九"相重，两个阳数相重，故名重阳，也叫重九。

重阳节早在战国时期就已经形成了，但是直到魏晋时期，重阳节的节日气氛才日益浓厚起来，受到了文人墨客的吟咏。比如上面提到的陶渊明，他就是魏晋时期的人。到了唐代后，重阳节才正式被定为民间节日，此后，历朝历代基本就沿袭下来了。

在我国古代，每逢三月三日和九月九日这两天，也就是上巳节和重阳节，一般都是整个家族倾巢而动。三月三日就去踏青访春，九月九日就去登高赏秋。

关于重阳节的来历，说法也不唯一，但都可以追溯到先秦时期。

一种说法是，先秦时期，在九月九日这一天，也就是秋天农作物丰收的时候，为了庆祝丰收，人们杀鸡宰羊，祭天祭祖，以感谢上天和祖先的恩德，重阳节由此而来。

到了西汉时期，重阳节的各种习俗开始出现。据《西京杂记》记载，西汉时的宫女贾佩兰说：九月九日这一天，应佩戴茱萸，吃蓬饵，喝菊花酒，这样可以使人长寿。

蓬饵，就是后来的重阳糕。相传，从这时候开始，民间便开始有了重阳节祈求长寿的习俗，同时还会伴随大型的饮宴活动。这都是由先秦时期庆丰收的宴饮发展而来的。

这样，佩戴茱萸，吃重阳糕，喝菊花酒，祈求长寿及饮宴，重阳节便慢慢形成了。

另一种说法是，重阳节来源于古代祭祀"大火星"的仪式。

大火星，是天上的一颗星宿，每到农历九月份的时候它就要消失不见了。天体运行自然有它的规律，但古代的人们显然不这么想。大火星一消失，他们就感到非常害怕，害怕它不再回来，使农业生产失去时间坐标。大火星消失了，也预示着漫长的冬天就要来了。为了给大火星送行，人们便在九月九日这天举行祭祀大火星的仪式。

其实，重阳节无论来源于什么，它都已经有着两千多年的历史了。

汉代，过重阳节的习俗渐渐由宫廷流传到民间。谁流传出去的呢？就是前面提到的宫女贾佩兰。

相传，汉高祖刘邦死后，宠妃戚夫人遭到吕后的谋害，她身边的侍女贾佩兰也被逐出宫去，嫁给一位贫民为妻。贾佩兰在民间对人说：我在皇宫的时候，每年的九月九日这一天，都要佩茱萸、吃蓬饵、饮菊花酒，以祈求长寿。既然皇宫之中有这种习俗，那么民间的老百姓自然愿意效仿了，从此，重阳节的风俗便在民间传开了。

除了佩茱萸、吃重阳糕、饮菊花酒之外，重阳节还有登高的习俗。

关于重阳节登高的习俗，有一个著名的传说：

据《续齐谐记》记载，东汉时期，汝南有一位小伙子，名叫桓景，他跟随一位高人费长房学习。几年后的某一天，费长房突然告诉他说："为师掐指一算，九月九日这一天，你的家中必有灾祸呀！"桓景大惊，急忙问老师该怎么办。费长房告诉他说："你现在赶紧回一趟家，让家人各准备一个香囊，在九月九日这一天，将茱萸放在里面，然后系在胳膊上。准备好之后，你们全家人要一起出门登高、饮菊花酒，这个灾祸就可以消除了。"桓景听了他师傅的话，九月九日那天带领全家人一起登山。傍晚时分，他们一家人回来后，发现鸡狗牛羊全部暴死了。今天的人们在九月九日登高饮酒，女子都佩戴茱萸香囊，大概都来源于此吧！

南北朝时期的这个奇幻故事中，所谓灾祸，应该就是瘟疫。但故事中的费长房显然是一位高人，居然能提前预测瘟疫，并告诉他的徒弟躲避瘟疫的方法，那就是佩戴茱萸，饮酒登高。从科学的角度来分析，茱萸，又名艾子，是一种常绿带香的植物，具有杀虫消毒的功能，佩戴此物，可以有效地抵御瘟疫；出门登高，远离瘟疫，更是一种有效的方法；而饮菊花酒，又具有养肝、明目、健脑等功效。加在一起，足以抵御瘟疫。

这则小故事也算是告诉了我们重阳习俗的另一种来历。

唐朝时，重阳节被定为国家的正式节日，宫廷和民间一起庆祝，并且在节日期间进行各种各样的活动，比如插茱萸、赏菊花、饮菊花酒、登高等。

的确，农历九月本就是菊花盛开的时节，因此，饮菊花酒成为重阳节的风尚。东晋时的陶渊明，唐朝时的孟浩然，都喜欢喝菊花酒。孟浩然在朋友家中做客时，重阳节还没到呢，就预订了重阳日的菊花酒——"待到重阳日，还来就菊花。"

唐代大诗人王维年纪轻轻便来到长安谋生。一年过重阳节时，他独自一人身处长安，感到很孤独，回想起以前在家乡过重阳节时的情景——兄弟们一起登高赏秋，遍插茱萸，于是他感慨万千，一首著名的《九月九日忆山东兄弟》便写了出来：

独在异乡为异客，每逢佳节倍思亲。

遥知兄弟登高处，遍插茱萸少一人。

我独自离家在外，作客他乡，每逢佳节来临时就格外思念亲人。遥想兄弟们今日登高望远时，头上遍插茱萸，唯独少了我一个人。

这里需要说明的是，《九月九日忆山东兄弟》中的"山东"，并非是指今天的山东省，而是指函谷关与华山以东地区，简称山东地区。王维的家乡在今天的山西永济市，从地理位置来看，的确属于函谷关与华山以东的地区。

初唐四杰之一的卢照邻，在重阳节这一天也登高、喝菊花酒，也是每逢佳节倍思亲，与他一起登高的还有同是初唐四杰之一的王勃。他在《九月九日登玄武山》中写道：

> 九月九日眺山川，归心归望积风烟。
> 他乡共酌金花酒，万里同悲鸿雁天。

九月九日这一天，我们一行人登上了玄武山，远望大地山河，回归故乡的心思、回归故土的渴望，浓得如同是眼前聚集的风尘一般。作客他乡，我们一同饮下这菊花酒，离家万里，望着大雁飞过的天空，我们心中有着同样的悲伤。

思乡是中国古代文人的永恒话题，尤其每逢佳节，这种情感便更加浓烈。王维、卢照邻是如此，唐代诗人崔国辅也是一样，他在《九日》一诗中这样写道：

> 江边枫落菊花黄，少长登高一望乡。
> 九日陶家虽载酒，三年楚客已沾裳。

江边的枫叶落尽了，重九的菊花开得金黄一片，我登高远眺，遥望那远方的家乡。九月九日，虽然有陶渊明的菊花酒可以畅饮一番，但我离家来到楚地已是三年之久，泪水在不知不觉中已沾满了衣裳。

一向豪迈不羁的边塞诗人岑参，一遇到重阳节，一想到菊花酒，也难免变得多愁善感起来。他有首《行军九日思长安故园》：

> 强欲登高去，无人送酒来。
> 遥怜故园菊，应傍战场开。

勉强地想要按照旧时的习俗去登高饮酒，却没有像王弘那样的人把酒给我送来❶。我身在边塞，想念着长安故园中的菊花，这时，想必正寂寞地开在战场旁边吧！

后世的人们，无论是文士学者，还是僧侣隐士，一到重阳，总是会想起菊花，想起菊花酒，想起陶渊明。

唐代最著名的侍僧皎然就是这样。这一天恰逢重阳节，他与"茶圣"陆羽在一起品茶度重阳，留下了一首《九日与陆处士羽饮茶》：

九日山僧院，东篱菊也黄。
俗人多泛酒，谁解助茶香。

九月九日这一天，在山上的寺院之中，陶渊明东篱下的菊花也开了。世俗之人多喜欢在这一天饮酒作乐，没有几个人能了解重阳品茶的无限乐趣。

宋代时，重阳节就更加热闹了，人们结伴同行，登高赏秋，看万山红遍，赏秋高气爽的美好时节，《东京梦华录》中就曾记载了北宋重阳节时的盛况。

可也有人忧愁不解，比如分别的人。南宋大词人李清照就是这样，她在《醉花阴》一词中这样写重阳节：

薄雾浓云愁永昼，瑞脑消金兽。佳节又重阳，玉枕纱厨，半夜凉初透。
东篱把酒黄昏后，有暗香盈袖。莫道不销魂，帘卷西风，人比黄花瘦。

薄雾弥漫，云层浓密，日子过得忧愁，龙脑香在金兽香炉中袅袅升起。又到了一年一度的重阳佳节，我躺卧在玉枕纱帐之中，半夜的凉气将全身都给浸透了。

在东篱边借酒消愁，一直到黄昏以后，淡淡的菊花清香溢满了我的袍

---

❶ 王弘曾遣白衣使者送酒给陶渊明。

袖。不要说清秋时节不让人伤神，西风卷起了珠帘，帘内的人儿比那黄花还要更加消瘦。

这首词是李清照在婚后不久所写的，讲的是她重阳节时把酒赏菊的情景。此时李清照独自一人居住在汴京，丈夫赵明诚外出游学去了。本是新婚燕尔的一对夫妻，却要经历离别之苦，所以李清照忧愁不解。

据《琅嬛记》记载，赵明诚看到李清照寄来的这首词后，暗暗叫好。但他又很不服气，不想在填词上输给自己的妻子，于是就闭门谢客，苦思了好几天，终于写出了五十首词。然后，将李清照的这首《醉花阴》混在其中，一起拿给朋友们看，让朋友评判哪首词写得最好。朋友以为这全是赵明诚写的，看完后便说："有三句话写得最好。"赵明诚忙问是哪三句，朋友说："莫道不销魂，帘卷西风，人比黄花瘦。"赵明诚输得心服口服。

不同于寒食节和上巳节，重阳节具有顽强的生命力，直到明清时期依然流行。

清代时，小说家蒲松龄就有名为《重阳》的诗作：

中秋恨是在天涯，客里凄凉负月华。
今日重阳又虚度，渊明无酒对黄花。

中秋佳节，我恨自己远在天涯，作客他乡，无心赏月，凄凉无限，辜负了那美好的月光。今日又到了重阳佳节，我却还是虚度时光，没了陶渊明的菊花酒，只能端着空杯对着金黄的菊花。

九九重阳，因为与长长久久的"久久"同音，九在数字中又是最大数，有长久长寿的含意，寓意深远，因此，二十世纪八十年代开始，中国一些地方把农历九月九日定为老人节，倡导全社会树立尊老、敬老、爱老、助老的风气。1989年，我国政府正式将农历九月九日定为"老人节""敬老节"。

2006年5月20日，重阳节被国务院列入首批国家级非物质文化遗产名录。

冬至节

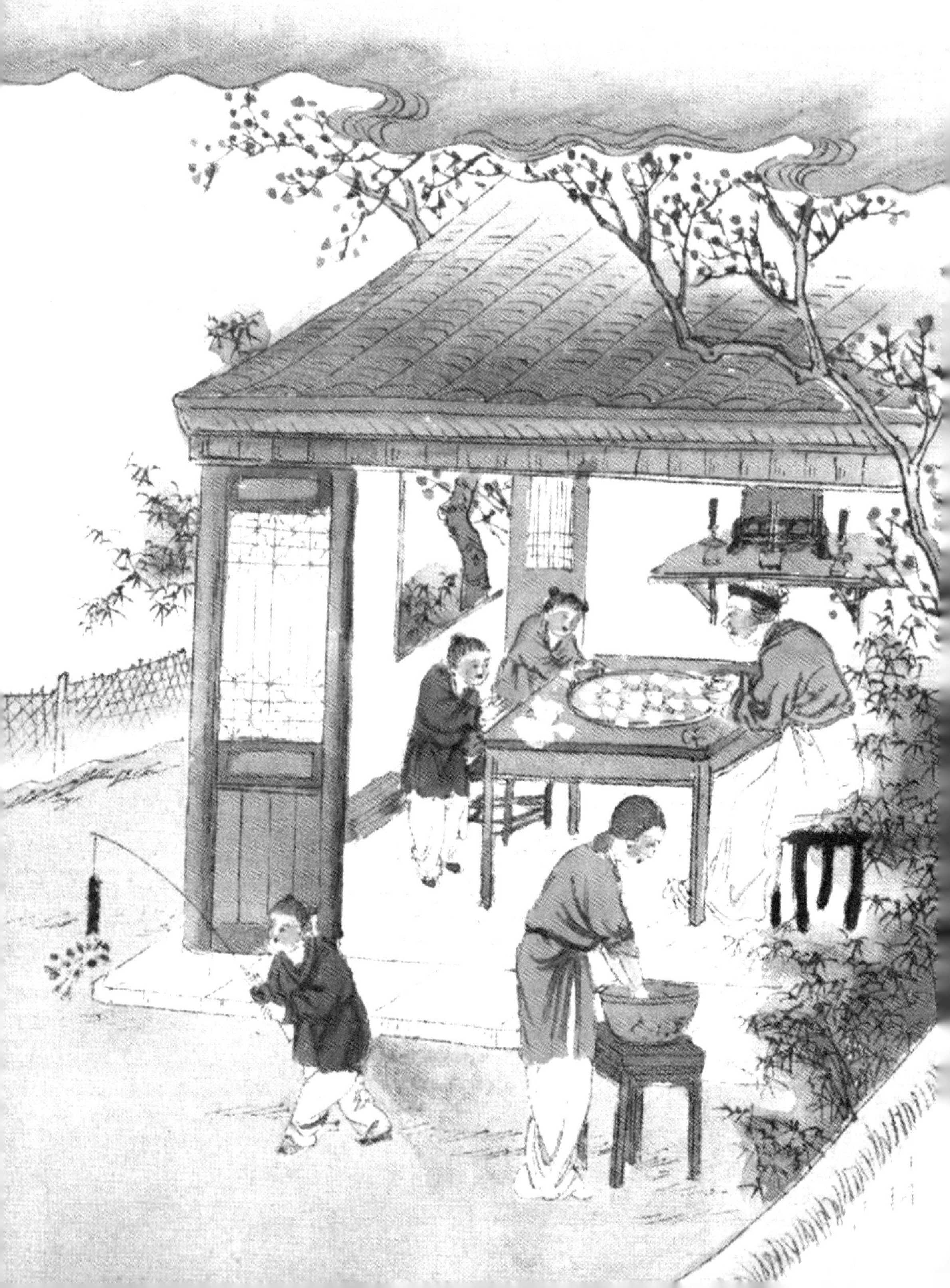

> 年年至日长为客,忽忽穷愁泥杀人。
> 江上形容吾独老,天边风俗自相亲。
> 杖藜雪后临丹壑,鸣玉朝来散紫宸。
> 心折此时无一寸,路迷何处见三秦。
>
> ——《冬至》

年年到了冬至日这一天,我都在他乡作客,忽忽然又一年过去了,我仍然有家难回,穷愁不已。我独自在江上漂泊,形态容颜衰老,对于家乡的节日习俗自然觉得十分亲切。我手持拐杖,于雪后登临深山峡谷,回想起以前带着鸣响的佩玉上朝,散朝后离开皇宫的往事。每到这个时候,我心中总是无限伤感,十分迷茫,不知道什么时候可以再见到长安。

这是唐代大诗人杜甫在冬至日这天写的一首七言律诗,即便到了冬至,我们的诗人依然漂泊在外,孤苦无依,因此他感伤无限。

冬至,又称冬节、长至节、亚岁等,它既是二十四节气之一,也是中华民族的一个传统节日。

早在二千五百多年前的春秋时代,智慧的中国人就通过土圭来测量太阳的影子,从而测定出了冬至,它是二十四节气中最早制订出的一个,时间是每年的公历 12 月 22 日左右。

冬至日这一天的特征非常明显,它是一年中白天时间最短的一天,同时,也是中午 12 点日影最长的一天。过了这一天,白天的时间渐渐变长,日影渐渐变短。因此,古代人非常重视这一天。

古人对冬至日这天的说法是:阴气达到一年中的极点,阳气开始渐渐生长出来。当代文化学者陈志岁先生在《载敬堂集》中说:秋分日这一天是夏天彻底结束的标志,而冬至日这一天则是春天来临的标志。他又说：冬至日这一天，太阳直射点到达最南端，白天的时间最短，日影最长。

冬至日拥有如此鲜明的特征，又是春天开始的标志，古代的人们自然十分重视。

据记载，周代就以冬至日这一天作为岁首，也就是新的一年开始的日子。但是，冬至作为一种节日是从汉代开始的。汉武帝觉得当时的历法太乱，重新启用了夏历，以一月为正月。这样，就把正月和冬至分开了，冬至就成了"冬节"。

《汉书》上说："冬至，阳气起，君道长，故贺。"意思是说，自冬至这日开始，天地间的阳气开始慢慢回升，白昼时间一天比一天长，代表着下一个循环的开始，乃是一个吉日，应该庆贺。《后汉书·礼仪》中也说："冬至前后，君子安身静体，百官绝事。"在冬至前后，君子都应该休养身体，从皇帝到百官都停止办公，全体休假。非但如此，朝廷一般还会安排精通音律的人来鼓瑟吹笙，奏大黄钟，以示庆贺。除了朝廷假期，其他领域也是一样，在这一天，军队待命，边塞闭关，商旅停业，亲朋好友各以美食相赠，相互拜访，欢乐地过个节。

也就是说，人们过冬至节，是因为它标志着一个新的轮回的开始。后来，一般春节期间的祭祖、家庭聚餐等习俗，往往也会选在冬至日这一天。因此，冬至在某些地区又被称为"小年"，一来说明年关将近，二来说明冬至的重要性。

魏晋时期，冬至被称为"亚岁"。

为什么叫亚岁呢？

《晋书》上说："其仪亚于正旦。"正旦，岁首、新年的意思。就是说冬至节的礼仪隆重程度仅次于岁首新年。在这一天，百官朝贺，万民庆祝。当时，按照惯例，民众是要向父母长辈拜节的。

到了唐宋时期，人们把冬至和新年看得一样重要，无论是宫廷还是民间，都十分重视这一天，因此才有了"冬至大如年"的说法。

南宋文人孟元老在《东京梦华录》中就说了：农历十一月份冬至日，是京师汴梁最重视的节日了，即便是那些最贫困的人家，也要通过各种方式，或借款，或拿出一年的积蓄，置办新的衣服，准备丰盛的饮食，祭祀先祖。官员之间则往来庆贺，就如同过年一般。

在唐代，大诗人杜甫在冬至这天格外高兴，他在《小至》一诗中写道：

> 天时人事日相催，冬至阳生春又来。
> 刺绣五纹添弱线，吹葭六琯动浮灰。
> 岸容待腊将舒柳，山意冲寒欲放梅。
> 云物不殊乡国异，教儿且覆掌中杯。

天时与人事，每天都变化得很快，转眼之间又到了冬至，过了冬至，白日渐长，春天又会回来了。那些刺绣的女工，因白昼时间变长而多绣了几根五彩丝线，吹管的六律已飞动了葭灰。堤岸好像在等待着腊月快点过去，好让柳树能够舒展枝条，抽出新芽，山间也想着要冲破寒气，以便让梅花绽放。我虽然身处他乡，但这里的景物与故乡的没有什么不同，因此，且让小儿斟上酒来，待我一饮而尽。

这首诗是杜甫在夔州所写，那时的杜甫生活比较安定，心情也比较舒畅，从诗中我们也可以看得出来。

同样是在冬至日这天，大诗人白居易的心情就不怎么好了，只见他在《邯郸冬至夜思家》一诗中这样写道：

> 邯郸驿里逢冬至，抱膝灯前影伴身。
> 想得家中夜深坐，还应说着远行人。

我居住在邯郸客栈的时候,恰逢冬至佳节来临。晚上,我手抱双膝坐在灯前,只有影子与我相伴。我相信,家中的亲人想必今天晚上会相聚到深夜,还应该谈论着我这个远行人吧!

而诗人韩偓在冬至夜想到了万物复苏,他在《冬至夜作》中写道:

> 中宵忽见动葭灰,料得南枝有早梅。
> 四野便应枯草绿,九重先觉冻云开。
> 阴冰莫向河源塞,阳气今从地底回。
> 不道惨舒无定分,却忧蚊响又成雷。

夜深时分,忽然感觉葭莩之灰动了,原来是冬至到了,想必外面枝头已有早梅盛开。田野之中,枯草应时节变化,也应该返绿了,那九重天中的冻云也已散开。阴寒的冰层就不要堵塞河流了,从今日开始,阳气从地面渐渐升起。不要说命运悲惨或是富贵人力难以改变,却担忧许多蚊子聚在一起会响声如雷。

宋代的陆游在冬至日这天也感受到了春意的勃发。他在《辛酉冬至》中写道:

> 今日日南至,吾门方寂然。
> 家贫轻过节,身老怯增年。
> 毕祭皆扶拜,分盘独早眠。
> 惟应探春梦,已绕镜湖边。

今日太阳处在最南端,我家倒显得清静。家中贫困,故而过节一切从简,身体衰老了,害怕年龄一直在增长。祭祀祖先时大家都相互搀扶着,吃完后,我早早地睡去了。唯一期待的便是想做一个关于春来的好梦,想必那时我已经身在春意盎然的镜湖边了。

在唐宋时期，冬至也是官方祭天祀祖的日子，皇帝在这天要到郊外举行祭天大典，百姓在这一天要向父母尊长祭拜。其实，从周代开始，冬至就有祭祀活动，一直延续至今。

宋代以后，对于民间百姓来说，冬至逐渐成为祭祀祖先和神灵的节庆活动。

古人认为，冬至是养生的大好时机，主要是因为"气始于冬至"。从科学的角度来分析，从冬季开始，生命活动开始由衰转盛，由静转动。

冬至节经过数千年的发展演变，形成了自己独特的节令食文化。作为美食大国，除了在冬至节这天祭祖之外，吃的当然必不可少，且各地都有所不同。

中国北方多数地区有冬至吃饺子的习俗，每年冬至这天，不论贫富，饺子是必不可少的节日饭。谚语说："十月一，冬至到，家家户户吃水饺。"这种习俗，据说是为了纪念"医圣"张仲景冬至舍药而出现的。

当然也有例外，比如山东滕州市就不吃饺子，而是流行喝羊肉汤，寓意驱除冬季的寒冷。

南方就不同了，各地都有各自不同的美食。

台州人在冬至这一天要做些特色菜肴和食物，首先当然要祭奠祖先，祈祷祖先保佑全家人来年一切平安如意。然后全家人欢乐地聚在一起喝酒吃菜。其中，吃"冬至圆"是台州的老传统，取团团圆圆之意。

苏州地区对冬至这一节气非常重视。传统的姑苏人家，会在冬至夜喝冬酿酒。冬酿酒是一种米酒，加入桂花酿造，香气宜人。姑苏百姓在冬至夜畅饮冬酿酒的同时，还会配上卤牛肉、卤羊肉等各式各样的卤菜。在寒冷的冬天，冬酿酒不仅能够驱寒，更寄托了姑苏人对生活的一种美好的祈愿。

腊八节

> 腊日常年暖尚遥，今年腊日冻全消。
> 侵凌雪色还萱草，漏泄春光有柳条。
> 纵酒欲谋良夜醉，还家初散紫宸朝。
> 口脂面药随恩泽，翠管银罂下九霄。
>
> ——《腊日》

每年的腊日都异常寒冷，距暖和的天气还很遥远，可今年腊日却不一样，冰冻全都消融了。山间的冰雪已经开始融化，萱草一片嫩绿，柳枝也在美丽的春光中迎风招展。昨夜被皇帝召见，纵情饮酒，醉了一夜，清晨才兴奋地离开皇宫，回到家里。有了皇帝送药赐食，腊月的寒冷全然消散，日后一定更加忠心追随，不随意离开。

这首诗是千百年前杜甫的腊日小记。虽然腊月里寒冷无比，但他有了皇帝的招待和喜爱，心有暖意，寒冷便消散全无。在这寒冷的腊月里，却是青青萱草，柳枝飘摇，一片春色都来自于他美好的心情。

诗圣杜甫写的腊日，就是我们现在所说的腊八节。

腊八节，是我国重要的传统节日之一，时间是农历十二月初八。因农历十二月被称为腊月，十二月初八才有了"腊八"这个俗称。

那么，十二月为什么会被称为腊月呢？

关于这一点，其实与自然物候并没有多大的关系，而是与年末的祭祀活动关系密切。

在远古时期，"腊"字最初跟"猎"字相同，就是"狩猎"的意思。每年到了年终的时候，也就是农历十二月，先民们庄稼地里的活都已经忙完，该是去野外打猎的时候了。再将猎到的野兽用来祭祀神灵以及先祖，感谢这一年的赏赐，也祈求来年的丰收。也就是说，在这新旧交替的十二月，远古时期的人们会专门举行盛大的祭祀活动，这就是"腊祭"。因此，古人才称十二月为"腊月",而"腊祭"的这一日,也就是"腊日"。

这也正是腊八节的最初来源——祭神祭祖。

《隋书·礼仪志》中也是这样说的:一年的最后一个月称为"腊",含义有三种:一是迎接,寓意新旧交替;二是同"猎",指狩猎获取禽兽,用来祭神祭祖;三是驱除瘟疫、迎接新春的意思。

在夏朝时,腊日被称为"嘉平",在商朝时被称为"清祀",西周时期被称为"大腊",日期不定。到了先秦时期,腊日被确定为冬至后的第三个戌日,在这一天,无论是贵族王公,还是民间百姓,都会举行祭神祭祖的活动。

由此可见,最初的腊祭并没有确定的日期,汉代仍然以冬至后的第三个戌日为腊日。但到了南北朝时期,江南的一些地区才确定腊日的具体时间为十二月初八,称腊日为腊八。

由日期不确定到确定为腊月初八,是为什么呢?因为佛教的传入。

腊八节,佛门称它为"成道节",又名"成道会"。

相传,十二月八日正是佛祖释迦牟尼悟道成佛的日子。根据印度佛经记载,释迦牟尼在成佛之前,曾是一位王子,但他对人的生老病死感到深深的同情与无奈,因此,他决定放弃锦衣玉食的富贵生活,出家修道,试图摆脱人世间的各种痛苦。

可惜的是,释迦牟尼经过六年的苦思修行,仍然没有在精神上摆脱人生的各种苦恼。不仅如此,因为长期过着苦行的生活,这时的他已经饥饿疲惫到了极点。幸好,有一位好心的牧女给他送来了奶粥,使他暂时恢复了体力。佛祖因此发下宏愿,说:"今日我吃了这些食物,得以补充气力,不是为了贪生怕死,而是为了保存智慧以及寿命,以实现普度众生的理想。"

从此以后,这位好心的牧女每天都给释迦牟尼送来奶粥。一个月过去了,释迦牟尼体力强健。想到自己很久没有洗澡了,便到河中沐浴,洗去身上的污垢。最终,干干净净的释迦牟尼坐在一棵菩提树下,静思了七天七夜，终于觉悟成佛。

于是，佛教徒便把佛祖成道的十二月八日这一天作为成道节，以纪念佛祖。

东汉末年，佛教经丝绸之路从印度传入中国，虽然中间经历了不少的曲折和争论，但最终还是为中国所接纳。最早崇信佛法的一批人，不是平民百姓，而是宫廷贵族和官僚地主。

到了魏晋南北朝时期，佛教在中国迎来了鼎盛期，从宫廷王府走向了民间。不仅影响了平民百姓的宗教信仰，也改变了中国传统的风俗习惯。

正因为佛教的介入，腊日改在了十二月初八，自此相沿成俗。"腊八节"也就成为一个固定的节日，用来祈求先祖、神灵的庇佑，祈愿来年的日子能够丰收、吉祥。

对于佛门而言，"腊八"更是一个盛大而隆重的节日。每年的这一天，为了纪念释迦牟尼所经受的苦难，佛教徒都会用香谷、果实等材料做成粥，以供奉佛祖，并将熬好的粥分发给佛教信徒——这便是腊八粥了。

据说，吃了腊八粥，就可以得到佛祖的庇佑。于是，民间也渐渐有了腊月初八日喝腊八粥的习俗，还将腊八粥称为"佛粥"，又叫"七宝五味粥"。

当然，根据成道节的故事来源，首先在民间广为流传的并不是腊八粥，而是学习佛祖去河中沐浴。每到腊八这日，中国的僧人们不畏严寒，纷纷下河沐浴，以清除身上的污垢。鉴于佛教对民间的重大影响，民间百姓也纷纷效仿。

《荆楚岁时记》中记载，十二月八日这一天，沐浴已不再仅限于僧人了，而是广泛流行于民间。到了唐宋时期，民间仍然有这一天沐浴的习俗。但问题在于，中国与印度不同，腊月正是一年中最冷的时候，而印度处于热带，一年四季都像是夏天。因此，沐浴这种风俗渐渐也就衰退了。但送粥这一习俗则传得更广了，影响也最大，已然深入民间。

据《东京梦华录》记载，在宋代，寺院每到这一天，就会送腊八粥给那些信佛的百姓喝。

元明时期，佛门沐浴仪式似乎被施粥活动完全取代了。到了明末崇祯年间，浙江等地的送粥活动达到鼎盛。在送粥活动结束之后，寺院一般会举行一场大型的念佛会。

自唐宋时期开始，不仅仅是古籍中，从诗词中我们也可以看到佛门的沐浴以及腊八粥的巨大影响。

大文豪苏轼在《南歌子·黄州腊八日饮怀民小阁》中这样写道：

卫霍元勋后，韦平外族贤。吹笙只合在缑山。闲驾彩鸾归去、趁新年。
烘暖烧香阁，轻寒浴佛天。他时一醉画堂前。莫忘故人憔悴、老江边。

汉代著名元勋卫青、霍去病去世之后，韦贤、平当等贤能的外族又出现了。吹笙的人都应该像王子乔那样，自由自在在伊洛之间遨游。趁着新的一年快到了，老夫我且驾着凤凰归去。

在这寒冷的浴佛节日里，我们烧起了香炉以供取暖。如果你在这画堂之前喝醉了，可千万不要忘了在那长江边憔悴的故人我呀！

而从爱国诗人陆游的《十二月八日步至西村》一诗中，我们更可以看到当时寺院舍粥的习俗：

腊月风和意已春，时因散策过吾邻。
草烟漠漠柴门里，牛迹重重野水滨。
多病所须唯药物，差科未动是闲人。
今朝佛粥更相馈，反觉江村节物新。

腊月的风已经不冷了，让人觉得似乎已到春天，我便趁着这和暖的天气出门，拄着拐杖去拜访老邻居。柴门里炊烟冉冉升起，弥漫了整座村庄，村边小溪旁，早已布满了黄牛的重重蹄印。我年老多病，除了草药别无他求，差役还没来收租税，像我这样闲散的人还有几个呢？今天早晨喝了寺院里送来的腊八粥，心情好了些，觉得我们这个江边小村草木渐渐生长，看起来已有了些新春的景象了。

到了明代，人们在腊八粥里又加入了江米、白果、核桃仁、栗子等一起熬制，使腊八粥更加美味。

清代时，吃腊八粥的风俗更是十分盛行。在宫廷里，皇帝要给大臣们赏赐腊八粥，还会为寺庙发放五谷杂粮，以供寺庙的僧侣们熬煮腊八粥。在民间，家家户户也都要吃腊八粥。

清代诗人顾梦游在《腊八日水草庵即事》一诗中写道：

> 清水塘边血作磷，正阳门外马生尘。
> 只应水月无新恨，且喜云山来故人。
> 晴腊无如今日好，闲游同是再生身。
> 自伤白发空流浪，一瓣香消泪满巾。

清水塘边，我在明净的岩石上沐浴，那正阳门外，达官显贵的马蹄扬起一路的灰尘。看惯了山水风月，再也添不了新的爱恨，值得高兴的是，远离尘世的僧人来看望我。晴空一片，没有比今日更好的腊日了，你我今日一起闲游，都可算是再生之人。妄自伤心，白了头发，四处流浪，如今在佛门的一炷香前，我的泪水沾满了手巾。

时至今日，腊八粥依旧是腊八节最必不可少的一道美食。人们在腊月初七的晚上，将大米、小米、糯米、高粱米、紫米等谷类，连同黄豆、红豆、绿豆、豇豆等豆类用开水煮熟，再加入红枣、花生、莲子等干果，小火熬制。到了第二天清晨，香喷喷、热腾腾的腊八粥便熬好了。一家人团聚在一起，品尝这腊月里的美味。

腊八粥不仅吃起来非常美味，而且营养丰富，是养生的佳品。在寒冷的腊月里，吃上一碗热气腾腾的腊八粥，脾胃无比舒适。

腊八节当然不止有腊八粥，还有腊八豆腐、腊八蒜、腊八面、煮"五豆"等节令美食。不同的地域、民族有不同的腊八习俗，但基本大同小异。

　　由于腊八节紧挨着春节，民间也流传着"小孩小孩你别馋，过了腊八就是年"这样的歌谣。腊八节之后，很快就是春节，所以人们喝了腊八粥，就开始着手准备采购年货，过年的气氛一天浓过一天。

　　腊月再寒冷，只要我们心怀希望、心有温暖，一切就都是温暖的。一家人团聚，吃着美味驱寒的腊八粥，祈祷着平安喜乐、如意吉祥，这寒冷的冬日便不再寒冷。

　　这便是腊八节最大的意义。

小年节

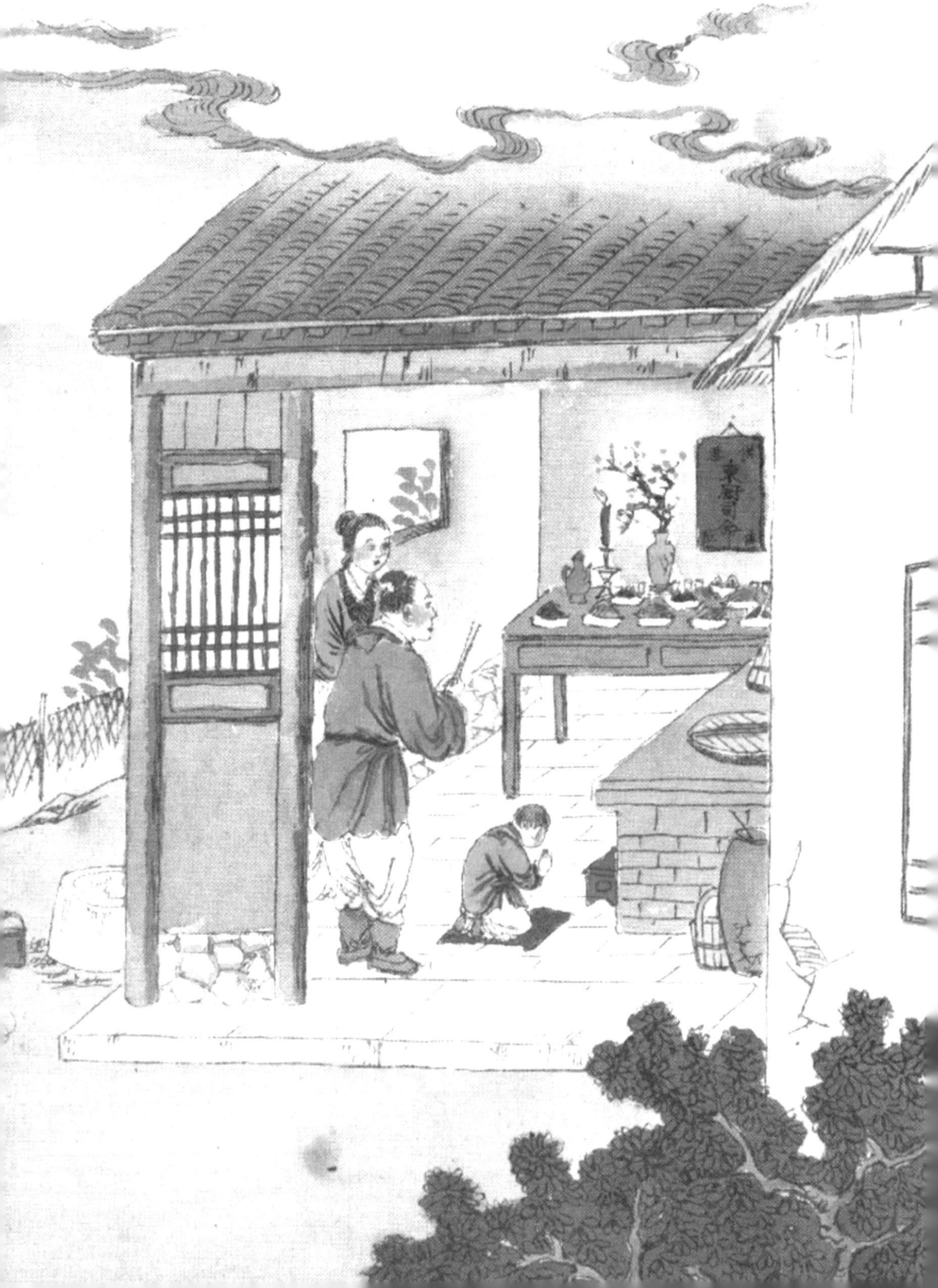

> 古传腊月二十四，灶君朝天欲言事。
> 云车风马小留连，家有杯盘丰典祀。
> 猪头烂热双鱼鲜，豆沙甘松粉饵团。
> 男儿酌献女儿避，酹酒烧钱灶君喜。
> 婢子斗争君莫闻，猫犬角秽君莫嗔；
> 送君醉饱登天门，杓长杓短勿复云，
> 乞取利市归来分。
>
> ——《祭灶词》

自古就传说着腊月二十四日这一天，乃是灶君上天面见玉帝诉说人间事的日子。云做的车、风做的马正等候着，家家户户都摆上杯盘美食，以隆重的礼节来祭祀欢送灶君。猪头肉已经被煮烂了，鱼肉鲜嫩多汁，除了鱼肉，还有豆沙、甘松、粉饵团等供品。男子斟酒献供，女子则躲在一旁避开，灶君喝着酒，收着人们烧来的纸钱，心中大喜。妇人之间的不和您就当作没听见，猫狗等动物的叫声灶君您也莫怪。今日为您献上好酒好菜，好送您去那天上述职，是非长短就请您不要说了。乞来利市大家一起分享。

这是宋代诗人范成大写的一首关于祭灶的诗篇，非常形象地讲述了我国古代劳动人民祭灶的风俗习惯。这一天是农历腊月二十四日，也就是我们所说的过小年。

小年，也称祭灶节、灶王节，我国传统节日之一。

其实，严格说起来，小年并非专指一个节日。由于我国地大物博，民族众多，各地区、各民族的风俗习惯都不一样，被称为小年的节日也不尽相同。在不同历史时期，不同地区，小年的具体日期当然也就不一样了。比如在南京地区，元宵节就是小年；云贵川部分地区把正月初一作为大年夜，除夕就成了小年夜；而在山东的部分地区，小年的日期是腊月二十二日这一天。

但无论如何，我们在这里所说的小年，就是指腊月二十四日左右祭祀灶君的日子，这也是全国大部分地区所遵循的传统习俗。

那么，灶君是谁呢？为什么要祭祀他呢？

关于灶君的来历，各种传说五花八门。有人说他是炎帝的化身，又有人说他是火神祝融，还有人说是鬼怪穷蝉变的。总之，随着时代的不断发展，他的形象也一直处在不断地变化之中，甚至就连他的性别也有变化，有人说是男子，也有人认为是女子。我们在这里只讲其中一个来源：根据民间传说，灶王爷，也就是灶君，原本只是一个名叫张单的平民，娶了老婆之后经商发了财，发了财之后又休掉了自己的老婆。从此以后他便不思进取，整天花天酒地，将原本富足的家业败得一干二净，而他最终也沦落成了乞丐，终日沿街乞讨。有一天，他竟乞讨到了前妻家中，被前妻认出来后，一时间羞愧难当，竟一头钻到灶锅底下，被火烧死了。

天上的玉帝知道后，认为张单这个人还知道羞愧，便发话说：既然死在了锅底，那就将他封为灶王吧，每年腊月二十四日上天汇报，大年三十再回到灶底。

老百姓一听了不得了，觉得灶王一定要敬重才行，因为他要上天汇报各家的情况，玉帝可不是好惹的。于是，民间老百姓为了防止灶王说自家的坏话，便有了腊月二十四日祭祀灶王的节日，以祈求来年一家的平安和财运。

看到这里，可能很多北方的朋友会问：不对啊，我们家乡祭祀灶王、过小年是在腊月二十三日，不是二十四日啊！

的确，北方地区过小年是在腊月二十三日这一天，而南方地区才是腊月二十四日。

那这是为什么呢？

民俗专家是这样解释的：在古代，过小年有"官三民四船五"的传统，也就是说，官家过小年的日期是腊月二十三日，平民百姓家过小年是腊月二十四日，而水上船家则是腊月二十五日。

北方，也就是秦岭淮河以北的地方，在南宋以前一直是我国的政治中心，到了元明清时期，北方依然是我国的政治中心，因此受官方影响比较重，小年多在腊月二十三日这一天；相反，南方远离政治中心，小年便在腊月二十四日这一天；至于水上船家，有些地方至今仍保留着腊月二十五日过小年的传统，比如鄱阳湖等沿湖的居民。久而久之，就演变成了不同地方在不同日子过小年的习俗。

其实，无论哪天过小年，人们辞旧迎新的愿望都是一致的。无论是南方还是北方，人们普遍将"小年"视为过年的开始，这也就意味着人们要开始准备年货了，准备热热闹闹地过个好年。

根据史料记载，祭祀灶君的习俗很早就有了，但民间大规模普及应该是在宋代，而过小年的习俗就更晚了，大约到了南宋时期才开始普及。后来，随着社会的发展，祭灶节渐渐被小年所取代，祭灶也就成了小年习俗的一部分。

北宋大文豪苏轼晚年，被流放到海南，整天吃不饱睡不香，但这一天他却格外高兴，因为明天房东家祭灶，他可以美美地吃上一顿大餐了。他在《纵笔三首》其一中写道：

北船不到米如珠，醉饱萧条半月无。
明日东家知祀灶，只鸡斗酒定膰吾。

北边来的粮船还没有到，大米的价钱竟如珍珠一般昂贵，近半个月以来，我都不知道吃饱和喝醉是什么感觉了，日子过得萧条清苦啊！好在明天是东家祭灶的日子，杀鸡割肉，准备好酒，我定能饱餐一顿，醉倒一回。

而宋代诗人刘克庄在《岁晚书事》中则说：

> 门冷如冰尽不妨，由来富贵属苍苍。
> 谁能却学痴儿女，深夜潜烧祭灶香。

门庭冷落倒也无妨，都知道历来富贵只属于苍茫的大地。可谁又能像那痴情儿女一样，只在深夜里烧香焚纸，祭祀灶君，祈求平安幸福呢！

同为宋代诗人的吕蒙正，他也有着刘克庄一样的心情，只见他在《祭灶诗》中这样写道：

> 一碗清汤诗一篇，灶君今日上青天。
> 玉皇若问人间事，乱世文章不值钱。

献上一碗清汤，再祝诗一首，以恭送灶王爷今日上天。玉皇大帝若是问起人间事，那么就请告诉他：身处乱世，文士的才学文章一点也不值钱。

而对于南宋末年的文天祥来说，小年节更是另一番景象了。他在《二十四日》中写道：

> 壮心负光岳，病质落幽燕。
> 春节前三日，江乡正小年。
> 岁时如有水，风欲不同天。
> 家庙荒苔滑。

心怀壮志的我辜负了天地日月，满身病痛，流落到这遥远的北方大地。立春的前三天，正是江南水乡过小年的时候。岁月如流水一样淌过，冷风吹来，我所看到的却是不一样的天空。想必此时家庙早已是破败不堪，长满了各色青苔。

关于小年节的习俗，主要就是祭灶了。

前面说过，在这一天，灶王爷是要上天汇报的，汇报家家户户的善与恶，以便让玉皇大帝赏罚。在祭灶时，人们一般都会把关东糖用火融化，涂在灶王爷的嘴上，这样一来，他就不能在玉帝面前说坏话了。

关于这一点，鲁迅先生在《送灶日漫笔》中这样写道：

灶君升天的那日，街上还卖着一种糖，有柑子那么大小，在我们那里也有这东西，然而扁的，像一个厚厚的小烙饼。那就是所谓"胶牙饧"了。本意是在请灶君吃了，粘住他的牙，使他不能调嘴学舌，对玉帝说坏话。我们中国人意中的神鬼，似乎比活人要老实些，所以对鬼神要用这样的强硬手段，而于活人却只好请吃饭。

而所谓"胶牙饧"，其实正是关东糖。

但随着时代的发展，在小年节这天，祭灶这个习俗显得越来越不重要了，而其他习俗却慢慢变得重要起来，比如除尘、剪窗花、洗浴等。

除尘——过了腊月二十四日，离春节只剩下六、七天了，过年的准备工作就显得格外重要，首要工作当然是除尘以及采买年货。除尘，就是要彻底打扫干净屋子，为的正是除旧迎新。在这一天里，千家万户都会进行大扫除，力求做到窗明几净，一尘不染。

剪窗花——就是民俗中的剪纸活动，须得心灵手巧的妇人才行，在我国北方地区尤其流行。当然，所剪的样式与内容须得应景才好，一般都为各种动植物，如喜鹊登梅，燕穿桃柳，孔雀戏牡丹，年年有鱼等。

洗浴——打扫干净屋子以迎接新年，人也是一样。在这一天里，不论是大人还是小孩，一般都会洗澡、理发，民间就有"有钱没钱，剃头过年"的说法。

总之，无论是祭灶节还是现在的过小年，人们所思所想，无非都是为了能够有更好的生活，期盼来年有个更好的收成，渴望在新的一年里面福禄双全。为此，人们祭灶君、除尘布新、剪窗花，等等，这才有了我们现在丰富多彩的民俗活动和年节文化，也才有了属于我们民族自己的共同精神财富。

附录：
外国部分传统节日

元 旦

元旦，世界上绝大多数国家通称的"新年"，是公历新的一年的第一天。

那什么是公历呢？

公历，就是公历纪元，也叫公元纪年，原来被称为基督纪年，又称西历，是一种来源于西方社会的纪年方法，由意大利医生、哲学家里利乌斯发明，它是在儒略历基础上加以改革而制成的一种历法。

公历产生于公元 6 世纪。当时，基督教已经在欧洲得到了广泛而深入的传播，影响力越来越大，成为整个西方社会的绝对权威。人们的一切都与教会息息相关，罗马教皇更是至高无上的全民领袖。在这样的背景下，为了扩大教会的统治势力，教徒们几乎把任何事情都附会在基督教上，其中当然包括天文和历法。

那么公历是怎么规定的呢？

很简单，它以耶稣诞生的那一年作为纪年的开始，在耶稣诞生之前，称为公元前；在耶稣诞生之后的日期，称为公元；而耶稣出生的那一年，也就是公元元年。

在元旦具体日期的制定上，由于耶稣的诞辰非常接近儒略历的元旦，所以他的生日就成了制定元旦日期的参考因素。众所周知，耶稣的生日是 12 月 25 日，也就是西方的圣诞节。

耶稣降生于犹太人家庭，他早年的一切习俗，都一律遵从犹太教的礼法。根据犹太教教义，一名婴儿刚出生的时候还不能称之为人，必须要等到他被施予割礼后，才能履行与上帝之间的契约，确定他的犹太人身份。

而实施割礼的日子，也就是婴儿落地之后的第八天。耶稣12月25日出生，出生后的第八天，也就是1月1日，教会便将这一天作为公历元旦，新的一年的开始。

1582年，罗马教皇格里高利十三世正式予以批准颁布。

虽然公历是以宗教原因为出发点的，但它的出现仍然称得上是人类历史进程中的一大进步，因为它给文明社会提供了一个既准确又可靠的公务与民用的历法体系。

公历纪年在8世纪以后先被西欧基督教国家采用，到了11至14世纪的时候，公历的概念才普及。尽管1582年公历就已经正式颁布了，但还是经过了几百年才被大多数国家采用。德国在1700年开始正式采用，俄国到了红色革命后的1918年才正式采用，而中国直到1912年辛亥革命后才开始采用。

1912年，辛亥革命胜利以后，孙中山领导的南京临时政府成立。为了顺应世界潮流，临时政府规定，采用西方公元纪年法，这就是我们现在所沿用的公历，并规定公历的1月1日为新年。

但问题在于，中国传统的夏历是按照我国农业生产的规律来制定的，如果改成了西方的公历，农民伯伯们就不知道何时该播种，何时该收获，农业生产就会乱套。要知道，中国可是一个农业大国。所以，临时政府又规定，除了在政府机关、厂矿、学校和社会团体中实行公历之外，在中国的民间，尤其是广大的农村地区，仍然使用传统的夏历，也就是农历。

1949年9月27日，中国人民政治协商会议第一届全体会议，决定使用世界上通用的公历纪元，还是把公历1月1日定为元旦，俗称新年。那农历的正月初一该怎么称呼呢？在通常情况下，农历正月初一一般都在立春前后，于是就把农历的正月初一命名为春节了。从此，春节这个名称就正式走进了千家万户。

有一点需要说明的是，"元旦"这个词，其实是中国人自己发明的，国外并没有这个称呼，而是一律叫"新年"。非但如此，这个词在中国已经沿用4000多年了。原因很简单，中国古代农历的正月初一，也就是我们所说的过年，其实就叫"元旦"。当然，除了叫元旦，农历的正月初一也叫元会、岁首、元日等，现在才叫春节。

还有一个问题，也需要说明一下，那就是今天通用于世界的"公历"，其实它属于阳历的一种，而中国的农历，则属于阴阳历结合，因此，元旦在中国也被称为"阳历年"。

那什么是阳历，什么是阴历呢？

阳历，又称太阳历，是以地球绕太阳公转的运动周期为基础而制定的历法。它将一年分成12个月，这个"月"，与月亮的阴晴圆缺是无关的。

阴历，是根据月亮的月相周期制定的历法，与月亮的阴晴圆缺密切相关。

至于说元旦的习俗，就中国而言几乎没有。毕竟它是一个相对十分"年轻"的节日，又跟中国传统的农历完全不一样。因此，对于中国人而言，相较于春节，它的重要性要低得多。不过，一般机关、企业会举行年终集体庆祝活动。

每年元旦前后，各大企业都会举办声势浩大的年会；在学校里，无论是大学还是中小学，也会举办各种元旦晚会。

如今，年轻人越来越重视元旦了，元旦前，他们会认真总结自己这一年来的得失，制定新的计划，展望新的一年。当然，元旦假期出去旅行，正成为越来越多的年轻人的选择。而每年的12月31日晚上，在各大城市的地标性建筑前，总是围绕着一大群年轻人，他们欢聚在一起，准备跨年。因为元旦是新的一年的开始，它象征了美好与希望，象征了光明与未来。

情 人 节

情人节，又叫圣瓦伦丁节，时间是 2 月 14 日，西方国家的传统节日之一。

这是一个关于爱和浪漫的节日，是一个充满玫瑰、巧克力和贺卡的节日。有情的男女会在这一天互送礼物，是用来表达爱意。在西方世界中，情人节当天的晚餐约会，通常是情侣关系的发展关键。情人节现已成为西方国家年轻人喜爱的节日，在中国等其他国家和地区也已经大规模流行起来。

关于情人节的来历，主要有以下两种说法：

一种说法是：公元 3 世纪，罗马帝国出现了全面的危机，经济凋敝，统治阶级腐朽不堪，社会动荡，人民纷纷反抗。贵族阶层为了维护自身的统治地位，残暴地镇压民众的反抗和基督教徒。当时，有一位基督教徒，名叫瓦伦丁，他被捕入狱了。在狱中，瓦伦丁以一颗坦诚之心打动了典狱长的女儿，他们相互爱慕，许下了天长地久的誓言。可不久之后，贵族阶层下令将瓦伦丁执行死刑。在临刑前，他给典狱长的女儿写了一封长长的遗书，表明自己是无罪的，以及他对典狱长女儿深深的眷恋。

公元 270 年 2 月 14 日，瓦伦丁被处以死刑。后来，基督教徒为了纪念瓦伦丁为正义、纯洁的爱而牺牲自己，将他受刑的这一天，也就是 2 月 14 日，定为"圣瓦伦丁节"，后人又改成"情人节"，情人节由此而来。

还有一种说法是：在古罗马时期，约娜是罗马众神的皇后，罗马人将她尊奉为妇女之神和婚姻之神，2 月 14 日正是为了表示对约娜的尊敬而设立的节日。2 月 15 日被称为"卢帕撒拉节"，则是用来对约娜治下的其他众神表示尊敬的节日。由此可见，约娜在古罗马人心中崇高的地位。

在古罗马时期，青年男子和女子是要被严格分开的。然而，在卢帕撒拉节这一天，小伙子们可以选择一个自己心爱的姑娘，将她的名字刻在花瓶上，这样一来，过节的时候，小伙子就可以与自己选择的姑娘一起跳舞。若是被选中的姑娘也对小伙子有意的话，他们便可以一直配对，直至最终一起步入教堂结婚。正因如此，后人便将每年的2月14日定为情人节。

爱情不仅是文学永恒的话题，也是人类永恒的话题，它不仅代表了浪漫与美好，更代表了甜蜜与永恒，既像谜语一般神秘，又像神明一般神圣，还像空气、水一般无处不在。

从古罗马时期，一直到大英帝国的维多利亚时代，欧洲人总是用两株半开的花来预测婚后的状况。在2月14日这一天，未婚男女们会共同栽种两株半开的花，花名的第一个字母要与各自名字的第一个字母相同。如果两花交相开放，相互辉映，则预示夫妻白首偕老，终生美满；如果两花相背开放，则预示夫妻将会劳燕分飞，各奔东西；如果两花怒放，开得硕大无比，则预示未来的家庭人丁兴旺，儿孙满堂；若出现其中一朵凋谢，则预示着夫妻中有一方会先于另一方去世。

在早期，欧洲国家的单身汉们对情人节早晨遇到的第一个人格外关注，因为如果你未婚，而且正在寻觅伴侣，你注定要与2月14日所见到的第一个人结婚。未婚女子则相信如果把鞋摆成T字形放在床下，睡觉之前开着窗户的话，就一定会梦见自己的心上人，或者发现他站在床前。

崇尚浪漫的意大利人相信，在情人节这一天，在朱丽叶爱墙上贴上表达爱意的小纸条，就会得到爱神的青睐和眷顾。

随着时代的发展，早期欧洲的情人节习俗已渐行渐远。如今在美国，男性在这一天向他的女性朋友说"情人节快乐"，已经没有特别的感情关系了，就像在公开场合打招呼一样。

说到情人节，玫瑰和巧克力是不可或缺的。

在古希腊神话中，玫瑰就是美神的化身，如今也成了男性送给女性最经典的情人节礼物，表示专一和深情。

如今，在世界范围内，玫瑰都是用来表达爱情的通用语言，但不同颜色、不同朵数的玫瑰还具有各自不同的寓意。比如1朵玫瑰代表我的心中只有你，9朵玫瑰代表长久，10朵玫瑰代表十全十美，11朵玫瑰代表一生一世只爱你一个人，99朵玫瑰代表天长地久，100朵玫瑰代表百分之百的爱，而108朵玫瑰就表示求婚了。

不同颜色的玫瑰含义也有不同，比如粉红色的玫瑰象征着初恋，红色的玫瑰象征着热恋，白色的玫瑰象征着尊敬，黄色的玫瑰表示道歉，深红色的玫瑰表示羞怯，等等。

再说巧克力。

在情人节这一天，巧克力也是必不可少的。巧克力自诞生以来，就与爱情有着千丝万缕的联系，相爱的人会用甜蜜的巧克力来表达浓浓爱意。

尤其在当下的中国，随着商业社会的日渐成熟，无数商家在这一天渲染情人节的浪漫与温馨，为2月14日情人节在中国的普及起到了推波助澜的作用。无数花店、商场、电影院在这一天都会推出相关活动。随着中国的快速发展，情人节的氛围愈加浓厚，不光是未婚男女之间互送玫瑰和巧克力，已婚人士也会选择在这天向自己的妻子或丈夫表达爱意。

当然，除了玫瑰和巧克力，情人节这天，情侣之间一起看电影、吃晚餐也是最常见的节日活动。

西方情人节自进入中国以来，取得了快速发展。当今的中国不仅有2月14日情人节，还有"七夕情人节"，以及所谓的"网络情人节"，也就是每年的5月20日和5月21日，因为"520"和"521"的谐音都是"我爱你"。

愚人节

1957年4月1日，英国BBC电视台播出了这样一条消息：多亏刚过去的暖和冬以及面条树的虫害得到了有效控制，瑞士南部一户农家的意大利面喜获大丰收。

配合着一本正经的播音语言，画面中一名女子正仔细地将意大利面从树上摘下来，并把它们放到太阳下晒干。

当时，意大利菜在英国还不常见，许多英国人并不知道意大利面是用小麦粉做的，导致上百通电话打给了电视台，有的人说消息错了，有的人则表示疑惑不解，有的人认真询问这件事情，还进一步咨询该如何种意大利面条树。他们似乎都忘了，这一天是愚人节，电视台也是可以说谎骗人的。

由于这是世界范围内电视台第一次因愚人节整人说谎，所以效果非常好，许多人深信不疑。

愚人节，也称万愚节、幽默节，时间是每年的4月1日，从19世纪开始在西方兴起并流行。截至目前，愚人节并未被任何国家认定为法定节日。但人们会在这一天里以各种方式骗人或捉弄别人，若是对方被成功捉弄，他们往往在最后告诉被捉弄的人"今天是愚人节"，继而哈哈大笑起来。

需要注意的是，在西方世界中，愚人节这天若是想捉弄别人，只能在中午12点之前，这是约定俗成的。过了中午12点，若还想捉弄别人，别人只会把你当成是傻瓜。

关于愚人节来历的说法众多，至今仍然没有一个权威的解释。

说法一：

1582年，法国国王查理九世决定采用新改革的纪年法，也就是现在世界通行的公历，以1月1日作为新一年的开端，改变了法国过去以4月1日作为新年开始的历法。但一些守旧派人士反对这种改革，他们依然会按照旧的历法，在4月1日这一天送新年礼物，庆祝新年。那些聪明而又幽默的人，便在4月1日这天给他们送假礼品，还邀请他们参加假的招待会，并把这些上当受骗的守旧派称为"四月傻瓜"。

久而久之，人们便在4月1日这天互相愚弄，这成为当时法国流行的习俗。大约到了18世纪初，法国愚人节习俗传到英国，接着，又被英国的早期移民带到了美国。

说法二：

据英国历史学家考证，"愚人节"是15世纪宗教革命之后出现的一个说谎节日。当时，西班牙国王腓力二世建立了一个"异端裁判所"，只要不是天主教徒，就会被视为异端，在每年的4月1日这天处以极刑。西班牙的臣民们感到非常恐怖，于是每天就以说谎取笑为乐，以此来冲淡对西班牙统治者的恐惧。久而久之，就演变成了今天的愚人节。

说法三：

传说，在13世纪的英国有这样一个传统：凡是国王巡视过的道路都会收归公共所有。当时有一个名叫哥谭镇的地方，当地的民众不愿失去他们的主干道，于是就散布谣言，希望能够阻止国王巡视。于是，国王就派遣消息官前去打探，等消息官到达哥谭镇之后，发现满街都是疯傻之人。国王便放弃了巡视哥谭镇的计划。后来，愚人节便用来纪念哥谭镇民众的谎言。

说法四：

来源于一个著名的希腊神话传说：农业女神得墨忒耳，在希腊是个家喻户晓的神，众神之王宙斯是她的丈夫。她具有无边的法力，可以使土壤变得肥沃，让人们取得丰收；也可以使田园荒芜，让土地寸草不生。

她和宙斯生了一个女儿，一个聪慧而又美丽的姑娘，名叫佩尔塞福涅。

有一天，冥王哈迪斯驾车巡视西西里岛，恰好被爱与美之神阿佛洛狄忒看到了，同时让她看到的，还有正在田野里散步的佩尔塞福涅。

阿佛洛狄忒立马召唤出自己的儿子厄洛斯，对他说："来，给哈迪斯射上一箭，让他疯狂地爱上佩尔塞福涅！"

果然，哈迪斯中箭之后，疯狂地爱上了佩尔塞福涅。他去找众神之王宙斯，请求他把女儿嫁到冥府。

宙斯为难地说："得墨忒耳不会同意的。不过，你要是有本事把佩尔塞福涅抢走，我倒不反对。"

得到了神王的默许，哈迪斯满心欢喜。他立刻返回冥府，准备抢亲。就这样，佩尔塞福涅被冥王抢走了。她的母亲得墨忒耳在遥远的地方，听到了女儿的呼救声。但当她以最快的速度赶到时，宝贝女儿已经不见了。那些知道佩尔塞福涅下落的众神，全都闭口不言，冥王哈迪斯可不是好惹的。有几个神被问得不耐烦，便胡编乱造，瞎扯一通。得墨忒耳按照他们的谎言，满世界乱找，结果可想而知。

突然有一天，得墨忒耳无意中抬起头来，看到了驾着金车在天空中巡行的太阳神。她猛然间想到，太阳神高高在上，天底下发生的任何事情，都不可能逃过他的眼睛。

伟大的太阳神同情得墨忒耳的遭遇，又不害怕冥王的权势，就把冥王哈迪斯抢亲的事情详细说了一遍，得墨忒耳这才恍然大悟。

得墨忒耳知道自己受了众神的欺骗和愚弄，感到非常愤怒。她下了一道命令，让全世界的植物全部凋零，让全世界的庄稼全部枯死，大地上不允许再出现一丝绿色。

这样一来，天上地下全都乱了套。宙斯没办法，只好让佩尔塞福涅每年三分之一的时间待在冥府，三分之二的时间返回人世，侍奉她的母亲得墨忒耳。

显然，在这个故事中，得墨忒耳成了一个十足的傻瓜。此后，人们便设立了愚人节，用善意的谎言来告诫那些自以为聪明的人，不要轻易相信别人的话，以免干出让人笑话的蠢事来。

尽管不是法定节日，但在愚人节当天，人们还是会把它当成一个节日来过，组织家庭聚会，用水仙花把房间装饰一新。典型的传统做法是布置一个假的环境，比如把房间布置得像过圣诞节一样，待到客人进门时，高喊"圣诞快乐"，让人觉得特别有趣。

不过，愚人节最典型的活动还是大家互相开玩笑，说谎话来捉弄对方。例如，孩子们会告诉父母说自己的书包破了个洞，或者自己脸上长了颗黑痣，等大人俯身来看时，他们就一边喊着"四月傻瓜"，一边笑着跑开了。当然，最常见最实用的玩笑是"你的鞋带散了"，听到的人一般都会下意识地低头看看，可以说是百试不爽，在日常生活中被使用的次数最多。

愚人节在美国大肆流行的时候，任何美国人都可以炮制骇人听闻的假消息，而且不用负丝毫的法律责任，政府和司法部门也不会追究。那时候的人们觉得，谁编造的谎言最荒诞离奇，最能骗取别人的信任，是很了不起的一件事情。但同时，无限制的大规模说谎，尤其是电视媒体，会给社会带来不少混乱，因而引起了人们的普遍不满。随着时代的发展，节日期间的愚弄欺骗已不再像以前那样离谱了。

如今，愚人节在中国也流行起来了，学生群体和年轻人尤其喜欢。但相较于西方而言，中国并没有形成一种较为浓厚的愚人节氛围，也没有中午12点以后不能说谎的限制。除了一些自媒体和社交平台，主流的报纸和电视都没有一本正经说谎的经历。不过，对于不少人而言，在重复且枯燥的生活中，有一天容许自己说说谎，捉弄捉弄别人，也算是为平淡的生活增添了一些乐趣，这应该就是愚人节的意义所在吧！

母 亲 节

关于母亲，关于母爱，苏联文学家高尔基说："世界上的一切光荣和骄傲，都来自母亲。"意大利文学家但丁说："世界上有一种最美丽的声音，那便是母亲的呼唤。"我国唐代大诗人孟郊又说："慈母手中线，游子身上衣。临行密密缝，意恐迟迟归。谁言寸草心，报得三春晖！"母亲节正是为了伟大的母亲、伟大的母爱而设立的节日。

母亲节，最早出现在古希腊，而现代的母亲节起源于美国，时间为每年五月份的第二个星期日。

在古希腊，每逢1月8日这一天，人们一般都会举行仪式，向众神之母瑞亚致敬。这位瑞亚来头可不小，她是希腊众神之王宙斯的母亲。后来到了古罗马时期，这些活动的规模变得越来越大，庆祝活动往往持续三天之久。

但严格意义上来说，古希腊的母亲节跟现代母亲节根本就不是一回事。现代母亲节为的是对母亲表示感谢和尊敬，而古希腊的所谓母亲节更多的是表达对女神的一种崇拜之情。

今天，在世界范围内，主流的母亲节都是在五月份的第二个星期日，这个日期是由美国最先设立的。

1876年，美国南北战争刚刚结束后不久，人们都沉浸在失去亲人的悲痛之中。安娜·查维斯夫人在教堂中讲授美国国殇纪念日，在讲完了战争中捐躯的英雄故事后，她进行祈祷时说："但愿在某一天，会有人创立一个母亲节，以纪念和赞扬美国与全世界的母亲。"

查维斯夫人为教堂服务了25年，在她逝世后，她的女儿，41岁的安娜，决定实现母亲多年来的愿望，创立一个母亲节。安娜先后写信给许多有名望的大人物，希望他们能够支持创立母亲节，以引领全社会关爱母亲，尊重母亲。开始的时候，她的信件几乎都石沉大海，但坚强的安娜从不气馁，继续向社会各界呼吁。

1907年5月12日，也就是当年五月份的第二个星期日，安德烈卫理教堂应安娜的请求，为当地的母亲们举行了一个礼拜仪式。第二年，这个仪式在著名的费城举行，社会反应十分热烈，还获得了州长的支持。1910年，州长宣布在该州设立母亲节。1911年，庆祝母亲节的活动广泛开展起来，席卷了美利坚合众国的每一个州，甚至连加拿大、墨西哥等一些国家也都开始庆祝这个节日。在此后的几年时间里，庆祝母亲节的浪潮席卷了全球，为此，在1912年，美国还专门成立了母亲节国际协会。

1913年5月，美国众议院一致通过决议，号召联邦政府的一切官员在母亲节这一天佩戴白色石竹花。1914年，美国国会正式命名五月份的第二个星期日为母亲节，母亲节正式诞生。

1934年5月，美国首次发行了母亲节纪念邮票。邮票上有一位慈祥的母亲，只见她双手拿着康乃馨，放在自己的膝盖上，欣喜地看着前面的花瓶中那一束鲜艳而美丽的康乃馨。随着这枚邮票的广泛传播，人们便把母亲节与康乃馨联系了起来，康乃馨也就成了象征母爱之花。每每到了母亲节这一天，人们总是将最美的康乃馨送给自己最美的母亲。

除了康乃馨之外，在母亲节当天，人们一般都会在胸前佩戴石竹花。石竹花的颜色也是有讲究的，那些母亲已经去世的人，需要佩戴白色石竹花，而母亲健在的人则佩戴红色石竹花。在这一天里，人们总会想方设法地让母亲开心，以感谢她这一年来的无私付出。最普通的方式就是向母亲赠送卡片和礼物。每一个母亲都会满怀喜悦的心情，接受孩子们和丈夫赠送的康乃馨或是其他礼物。在母亲节这一天，许多家庭都由丈夫和孩子们把全部家务活包下来，母亲不必做饭，不必洗盘刷碗，也不必洗衣服，她们会从日常的家务中完全解放出来，轻松愉快地休息一整天。不少家庭还有侍候母亲在床上吃早饭的惯例。

母亲节自创立以来，得到了全世界各国人民的支持。安娜在世的时候，设立母亲节的国家已多达43个。虽然，许多国家是在一年中不同的时间庆祝属于他们的母亲节，但是世界上绝大多数的国家，如中国、加拿大、日本、丹麦、芬兰、意大利、土耳其、澳洲和比利时等，都是在五月份的第二个星期日庆祝母亲节。时至今日，庆祝母亲节的国家就更多了，它已然成了名副其实的国际性节日。

从二十世纪八十年代开始，母亲节逐渐被中国内地的民众所接受。1988年，广州等一些争先进行改革开放的城市，开始举办母亲节的庆祝活动，并把评选"好母亲"作为节日内容之一。

当然，中国人的母亲节更有中国自己的味道，除了赠送康乃馨给母亲之外，中国人还会以自己特有的方式表达浓浓的亲情，如为母亲做一顿丰盛大餐、为母亲洗脚，等等。人们在这一天除了孝敬自己的母亲之外，还会以慈善募捐、志愿服务的方式向更多的母亲回报亲情。

随着中国开放的程度越来越深，与国际日益接轨，母亲节这一节日在中国大陆各地日益推广开来，越来越多的人开始接受母亲节这一概念。如今，每到五月的第二个星期日，中国各个城市的花店都摆满了康乃馨，中国人和全世界其他国家的人们一道，以各种各样的方式表达对母亲养育之恩的感谢。

万圣节

中国有所谓的"鬼节"中元节,西方也有对应的节日,这就是万圣节。

万圣节,又叫诸圣节,时间为每年的11月1日,是西方的传统节日,主要流行于英语世界,如英国、美国、加拿大、澳大利亚、新西兰等国。万圣节前夜的10月31日,是这个节日最热闹的时刻。

关于万圣节的来历,说法也有不少,其中,流传最广的是由凯尔特人创立的说法:

"万圣节"这个名字,起源于天主教教会,它们把11月1日定为"天下圣徒之日"。

在万圣节前夕,也就是10月31日,居住在爱尔兰、苏格兰等地的凯尔特人,会举行一年一度的丰收祭典。他们认为,这一日是秋天正式结束的日子,也就是新的一年即将开始的日子,预示着严酷的冬天又将来临。

10月31日的晚上,是他们一年中最害怕的时刻。当时的人们相信,世人的生活与命运都是由神明主宰的,而死亡之神会在这一晚与死去的亡魂一起重返人间,回到故居地在活人身上找寻生灵,借此机会重生,这是人在死后能获得重生的唯一希望。

活着的人非常惧怕魂灵来夺走自己的生命。因此,凯尔特人在这一天晚上会熄掉炉火和烛光,让死人的灵魂无法找到活人。仅仅这样,他们觉得还是没有安全感,于是又把自己打扮成妖魔鬼怪的样子,只求把死人的灵魂吓走。万圣节前夜装神弄鬼的习俗便由此而来。

第二天一早,凯尔特人又会把火种、烛光重新点燃,开始新一年的生活。

　　随着时代的发展，人们不再相信死神的降临，更不会相信10月31日夜里亡灵会重返人间，但把自己打扮成妖魔鬼怪的样子好像还挺有趣的，人们便开始乐此不疲地装扮自己，逐渐演变成整个欧洲的"一场狂欢"，人们都把万圣节前夜看作是尽情玩闹、讲鬼故事和吓唬对方的好机会。

　　总之，原本是赞美秋天的节日，随着娱乐的需要，活生生变成了神怪、巫婆和鬼魂的节日。万圣节期间最常见的画面就是：孩子们会提着南瓜灯，穿着各式各样稀奇古怪的服装，或者带上各种狰狞恐怖的面具，挨家挨户地去索要糖果。他们会不停地说："给不给，不给就捣蛋。"要是你不给糖果的话，孩子们会很生气，会用各种方式捣蛋，例如把垃圾倒在你家里，直到你肯给他们糖果为止。

　　在万圣节前夜，南瓜灯可是必不可少的。

　　南瓜灯来源于古代爱尔兰的传说故事：有一个名叫杰克的人，是个令人讨厌的醉汉，并且特别爱搞恶作剧。在万圣节这一天，他设了一个圈套，居然将魔鬼困在了一棵树上。他告诉魔鬼，在他死后，绝对不能让他下地狱，否则就不让魔鬼从树上下来。魔鬼无奈，只能答应了他。

　　杰克死后，因为他不相信神，所以进不了天堂，而魔鬼也答应了他，不让他下地狱，可怜的杰克哪也去不了，只能重回人间。为了帮助杰克找到回人间的路，魔鬼给了他一块燃烧的炭。杰克用一根大红萝卜雕刻成一个灯笼，将燃烧的炭放在里面，这就是第一个"杰克的灯笼"。可惜的是，即便他打着灯笼，也找不到回爱尔兰的路了，从此，他便永远带着灯笼流浪人间。

　　也就是说，在古老的爱尔兰传说中，万圣节是没有南瓜灯这个东西的，只有萝卜灯。但后来有些爱尔兰人移民到了美国，他们惊奇地发现，不论从来源上来说，还是从雕刻的效果上来讲，美国盛产的南瓜都远远比萝卜好，渐渐地，万圣节的萝卜灯就变成了南瓜灯，南瓜就成了万圣节的宠儿。

除了南瓜灯，在万圣节前夜，各种身着奇装异服的妖魔鬼怪和巫婆们纷纷出动，再戴上可怕的面具，每一个都很吓人。孩子们更是欢天喜地，穿戴上各种服饰和面具。在各种各样的恐怖角色中，扮演女巫和僵尸的人最多。那些专卖万圣节用品的店铺会在这一天里准备好各类衣饰出售，那一年流行什么，他们就准备什么，以迎合大众的需求。如电影《哈利波特》中小巫师的造型，已成为许多孩子万圣节必选的扮演角色。简单的也有，用一张白床单蒙在头上，再抠两个洞露出眼睛，就成了一个最简单的鬼魂服了。

万圣节前夜，除了全是"鬼怪妖魔"的化装舞会，巡游也是经典的节日活动。其中，最知名的万圣节巡游要属纽约市格林威治村的了。

格林威治村，位于纽约市曼哈顿南部，格林威治村的万圣节巡游开始于1973年，是由一位面具工匠兼木偶演员发起的。据说最初的时候，他只是带着朋友和孩童一起在邻居处游行，后来渐渐演变成了整个村子的大型活动。巡游的目的是希望每一个人都是参与者，而不是旁观者。游客们总是抱着看热闹的心态，但当你踏进村子时，很快便会被邀请参与巡游，成为他们中的一分子。

当你仔细看时，会发现你的身边围绕的都是吸血鬼、僵尸、女巫、科学怪人、魔鬼、幽灵。这是一个完全开放的村子，也是一个完全开放的活动，参与者不分年龄、性别、阶级、国籍，即便你是胆小鬼，也可以加入到他们的行列中去。

如今，一些亚洲国家的年轻一辈也开始过万圣节了，比如日本。

就中国而言，过万圣节还属于小众行为。在大型商场和游乐场所，还有一些大型外资超市，会摆出专柜，卖万圣节的各种玩具，小商贩也会出售一些跟万圣节相关的玩偶或者模型，以吸引年轻人的目光。

感恩节

感恩节，是美国人民独创的一个节日，时间为每年十一月份的第四个星期四。

像中国的春节、中秋节一样，对于美国人来说，一年一度的感恩节，也是美国人民合家欢聚的节日。节日期间，无论有多忙，人们总是会从各地赶回家中，与家人一起团聚。

开始的时候，感恩节并没有固定的日期，而是由美国各州临时决定。直到美国独立后的1863年，总统林肯宣布：感恩节为美国全国性节日；1941年，美国国会正式规定：每年十一月第四个星期四为感恩节。

对于年轻的美国来说，感恩节算是一个古老的节日了，距今已有近400年的历史。要知道，美国的历史也不过是接近400年，如果从1776年《美国独立宣言》开始算起，美国的历史还不到300年时间。

而感恩节的由来，可以追溯到美国历史的开端。

1492年，意大利著名航海家哥伦布在西班牙王室的支持下，横渡茫茫的大西洋，发现了美洲新大陆。

令人啼笑皆非的是，一开始，哥伦布认为自己到达的是亚洲的印度，并称当地的居民为"印第安人"，这就是美洲土著居民被称为"印第安人"的原因。

1620年，一艘名为"五月花号"的帆船，满载着102人到达了美洲，这些人便成了美国马萨诸塞州普利茅斯的早期移民，也是整个美国最早期的移民。这些移民原本是英国人，在英国本土时被称为清教徒。他们对英国教会宗教改革的不彻底感到不满，受到了英国国王以及教会的镇压和迫害，因此决定离开英国。一开始的时候，他们去了欧洲大陆荷兰，后来，他们又决定迁居到大西洋的彼岸，也就是那片荒无人烟的美洲土地上，希望能够按照自己的意愿和宗教方式自由地生活。

他们踏上美洲大陆的那一刻起，美国的历史就此拉大了大幕。

1620年的冬天来临了，在这片荒芜的土地上，这102个人遭遇了前所未有的寒冷和饥饿。当时，这片土地上的原住民，也就是印第安人，为这些人送来了生活的必需品，还专门派人教他们如何狩猎，如何捕鱼，如何种植玉米、南瓜等。在印第安人的帮助下，他们终于获得了丰收。按照基督教的传统习俗，他们规定了感谢上帝的日子；为了感谢印第安人的真诚帮助，他们便邀请印第安人一同庆祝节日。

1621年11月下旬的一个星期四，他们和90名印第安人欢聚一堂，共同庆祝丰收。

他们在黎明时分鸣放礼炮，列队走进一间用作教堂的屋子，虔诚地向上帝表达谢意。然后点起篝火，举行盛大的宴会，将打猎捕获的火鸡制作成美味佳肴，盛情款待帮助他们的印第安人。在接下来的两天里，他们与印第安人一起，又举行了赛跑、摔跤、唱歌、跳舞等活动。就这样，他们和印第安人围着篝火，边吃边聊，载歌载舞，庆祝活动整整持续了三天。

这便是美国感恩节的来历，而这一次的庆祝活动，也就是美国历史上第一个感恩节。

在当今的美国，感恩节当天就像中国的春节期间一样，人们不管有多忙，都要和自己的家人团聚，全家人围坐在一起，享受一顿丰盛的节日晚餐。

和中国的春运一样，感恩节假期也是一年中美国航空公司最繁忙的时候，因为工作在美国各地的人们都要回家团聚。美国不比中国，没有庞大的铁路客运系统，多数人都会选择乘飞机，因此，美国的各大航空公司在感恩节期间几乎全部客满。但是为了能够和家人团聚，共度感恩节，美国人民也大都心甘情愿。

此外，美国人民还会按照第一次感恩节的习俗，纷纷前往教堂做感恩祈祷。在美国的各个城市，包括乡村，到处都会举行各式各样的化装游行和体育比赛，以庆祝感恩节，学校也会放假。孩子们都高兴坏了，模仿着当年印第安人的模样，穿上各种稀奇古怪的衣服，画上脸谱或者戴上面具，到街上唱歌吹喇叭。

同时，好客的美国人也不忘在这一天邀请好友，尤其是那些单身的或者远离家乡的人，共度感恩节。

感恩节的晚宴是美国人一年中重要的一餐，就像中国人的年夜饭一样。这一餐的食物非常丰富，应有尽有，其中，火鸡和南瓜饼是必备的。

每逢感恩节，美国家家户户都要吃火鸡，甚至可以说，火鸡就是感恩节的象征，就像粽子象征着端午节、月饼象征着中秋节一样。他们通常还会吃一些传统菜肴，如南瓜饼、奶油洋葱、土豆泥、番瓜派，等等。

晚餐结束之后，全家人通常还会做一些传统游戏，比如跳舞、各种比赛等娱乐活动。

感恩节假期结束后，学校会让孩子们画一张关于感恩节的画，大多数孩子画的都是火鸡。

当然，就像现在的中国人春节期间选择出游旅行一样，美国感恩节除了在家团聚以外，有些家庭会选择开车去乡间郊游，或者坐飞机出去旅行。美国第一批移民们安家落户的地方——马萨诸塞州普利茅斯港，正是游客们向往的最佳目的地。在那里，美国人民不仅可以了解美国的开创历史，了解感恩节的来历，还可以看到仿制的"五月花号"帆船，参观仿照当年的样子建成的移民村。

值得一提的是，中国人有11月11日"购物狂欢节"，美国人也有属于自己的"购物狂欢节"，这就是"黑色星期五"，感恩节假期的第二天。

在这一天，美国的各大商店都会举办各种打折促销活动，近年来更是愈演愈烈，有的商家甚至会把打折日提前到感恩节当天。每年此时都会掀起一场美国式的购物狂潮。

除了美国之外，加拿大也有属于自己的感恩节。加拿大的感恩节与美国的比较相似，最经典的感恩节画面也是一家人围坐在一起，享用烤火鸡和南瓜派。

值得一提的是，美国与欧洲虽同属于西方世界，但欧洲国家却从来不过感恩节。原因很简单，对欧洲人来说，唯一一个重要的节日就是圣诞节，由于感恩节有着深厚的美国历史由来，而欧洲国家没有这种经历。

对于当今的中国人来说，这个节日的影响远没有圣诞节和情人节那么大。但每年十一月的第四个星期四来临时，不论是各种网站，还是微博、朋友圈，我们总是能看到各种文章以及各类心灵鸡汤，告诉我们要感恩父母、感恩社会、感恩你所拥有的一切。

感恩节就其意义和庆祝方式来看，从1621年诞生以来，几乎没有什么大的变化，在这一天，各个教派的教堂都会开放，人们都会向上帝的慷慨恩赐表示感谢。

但无论如何，感恩节都是一个愉快的节日，一个家庭团聚的日子，一段美好温馨的时光。在那一天，不管是单身汉，还是远离家乡的人，也总能被邀请到别人的家里做客，同大家一起分享感恩节的欢乐，并且感谢上帝的恩惠，这也正是感恩节的意义所在。

圣 诞 节

圣诞节，又称耶诞节，是纪念耶稣诞辰的节日，也是西方最隆重的节日之一，时间为每年的 12 月 25 日。

12 月 24 日夜，也就是所谓的平安夜。在这一夜的子时，也就是晚上 12 点，大部分的天主教教堂都会举行弥撒。弥撒，就是教会的一种礼拜仪式。有一些基督教会会举行报佳音。基督教的另一大分支东正教，它的圣诞节是在每年的 1 月 7 日。

圣诞节，原本是西方世界的公共假日，现在也已成为了除西方之外其他一些国家和地区的法定假日，如中国香港地区、马来西亚、新加坡等。

很明显，圣诞节是一个宗教节日，来源于耶稣的诞辰。

根据《圣经》故事，上帝决定让他的独生子耶稣投生人间，给他找个母亲，然后就在人间生活，以便让人们更好地了解上帝、学习热爱上帝。

上帝为耶稣找到的这个母亲名叫玛利亚，是一个年轻的犹太女子。当时，玛利亚已和木匠约瑟夫订婚。可是，在他们同居之前，约瑟夫发现玛利亚已经怀有身孕，这肚中的孩子正是上帝之子耶稣。约瑟夫是个正派的人，并不想把这件事情说出去，让玛利亚无法做人，所以他想悄悄地和玛利亚分手。当约瑟夫正在考虑这件事的时候，上帝的天使在他的梦中出现了，对他说："不要忧虑了，把玛利亚娶回家吧！她怀的孩子来自圣灵。她将生下个男孩，你们要为孩子取名叫耶稣，因为他将把人们从罪恶中拯救出来。"

当玛利亚快要临盆生产的时候，罗马政府下了一道命令，全部人民必须到伯利恒申报户籍。约瑟夫和玛利亚只好遵命。当他们到达伯利恒的时候，天色已近黄昏了，两人未能找到旅馆住宿，只好就近找了一个马棚暂住。就在这时候，耶稣要出生了，最终，圣母玛利亚就在马槽上生下了耶稣。

后人为了纪念耶稣的诞生，便将 12 月 25 日定为圣诞节。

说到圣诞节，怎么少得了圣诞老人呢？

圣诞老人名叫尼古拉斯。在公元 4 世纪的时候，尼古拉斯出生在小亚细亚巴大拉城，家庭比较富有，但不幸的是，他的父母过早地离开了人世。待到尼古拉斯长大之后，他把所有的财产都捐给了那些贫苦可怜的人，自己则选择出家修道，献身教会事业，立志终生为社会服务。后来，尼古拉斯作了神父，最后还升为了主教。

尼古拉斯一生，做了很多慈善工作。他最喜欢在暗中帮助穷人。他后来之所以被称为"圣诞老人"，原因就在于他曾经暗中送钱，帮助了三个女孩子。

尼古拉斯死后，被尊为圣徒。现在，尼古拉斯给我们的印象就是一位身穿红袍、头戴红帽的白胡子老头。每年圣诞节来临的时候，他总是会驾着鹿拉的雪橇，从遥远的北方而来，从烟囱里进入千家万户，再把圣诞礼物装在孩子们的袜子里，或者挂在孩子们的床头上、火炉前。

圣诞节原本是个宗教节日，有着强烈的宗教色彩。但到了 19 世纪的时候，朋友之间相互赠送的圣诞贺卡开始流行起来，孩子们最喜爱的圣诞老人形象也出现了，随之而来的还有各种圣诞节礼物。所有这一切，都使得圣诞节开始渐渐流行起来，先是在北欧地区，之后流行到了整个欧洲。

到了 19 世纪中叶，整个欧洲、美洲都开始过起了圣诞节，并慢慢衍生出了丰富多彩的圣诞文化，如圣诞树、圣诞帽、圣诞袜等。

后来，圣诞节又传播到了亚洲地区，日本、韩国等都不同程度上受到了圣诞文化的影响。

圣诞卡片是最先流行起来的圣诞习俗，尤其是在欧美国家中。在圣诞节期间，许多家庭会将家庭合影印到贺卡上。寄赠圣诞卡片，除了表示庆贺圣诞之外，还能向亲友传递祝福，以表怀念之情。

在圣诞节习俗中，圣诞袜、圣诞帽、圣诞树都是缺一不可的。

圣诞袜最早是一对红色的大袜子，大小并没有什么严格的规定。按照习俗，圣诞袜是要用来装圣诞礼物的，所以这是孩子们最喜欢的东西。晚上临睡前，孩子们会将自己的袜子挂在床边，等待第二天早上收礼物。

圣诞帽是一顶红色的帽子，据说晚上戴上它睡觉可以睡得很安稳，还可以保暖。到了第二天的时候，小朋友们会发现，这顶帽子里还多了一些圣诞礼物。

圣诞树起源于德国，是圣诞节庆祝中最有名的传统之一。在通常情况下，人们会在圣诞节前后把一棵常绿植物放在屋里或者户外，并用圣诞彩灯和各色装饰物装点一番，还会把一个个天使或者星星放在树的顶部。

圣诞节尽管是西方国家最重要的传统节日，每个国家的习俗大同小异，但仍能体现出一定的地区特色。

英国人在圣诞节是最注重吃的。尽管许多国家都认为英国餐饮比较单一，但圣诞节时英国人的食品却很丰富，有烧猪、火鸡、圣诞布丁、圣诞碎肉饼等。圣诞期间，每一个家人都有礼物，仆人也有份，并且所有的礼物都是在圣诞节的早晨派送。

在法国，成年人一般会在圣诞前夕去教会参加子夜弥撒。完毕后，一家人会同去最年老的已婚的哥哥或者姐姐的家中，一起团聚吃饭。在这个大家庭聚会中，人们一般都会讨论家庭中的大事。若是有家人不和睦的，在此后也会冰释前嫌，和好如初。所以，对于法国人来说，圣诞是一个温馨而仁慈的日子。

在意大利，每个家庭都会放置一个耶稣诞生故事的模型。圣诞前夕，一家人会团聚在一起吃一顿大餐，到午夜时分，再去参加圣诞弥撒。等弥撒活动完毕，便是访问亲友的时候了。在圣诞节期间，只有小孩和老人才能得到礼物。

值得一提的是，在圣诞节期间，意大利人还有一种良好的风俗，那就是儿童们会作文或者是撰写诗歌，以感谢父母多年来对他们的教养。在孩子们吃完圣诞大餐之后，就会向大家朗读。

美国是一个移民国家，由许多不同的民族所构成，所以美国人庆祝圣诞的方式最为复杂，从各国来的移民仍然会按照他们国家的风俗来庆祝。不过，在圣诞节期间，美国人的门外挂着花环以及其他别致的布置是一样的。

北欧的瑞典人很好客，在圣诞节时，每一个家庭，无论贫穷还是富有，都非常欢迎朋友，甚至陌生人也可以去参加家庭聚会。

自改革开放以后，圣诞节才开始在中国慢慢流行起来。尤其到了21世纪初，圣诞节在中国得到了迅猛发展，形成了比较浓厚的节日氛围，深受广大年轻人的喜爱，圣诞帽、圣诞树更是满街可见，圣诞歌曲到处都能听到。

客观来说，中国人过圣诞，大多只是表象。对于那些没有基督教文化背景的中国人来说，过圣诞只是为自己逛街购物提供了一个借口罢了，商家更是在这中间起到了不小的推波助澜的作用。国内不少城市虽然都有了圣诞狂欢，商场、超市在圣诞前后也会有大型的促销活动，但这种狂欢购物，与元旦狂欢购物、春节狂欢购物并没有什么本质的不同，年轻人需要的仅仅只是一个节日氛围，至于节日内容究竟是什么，他们并不在乎。

参考文献

［1］马未都.观复猫：我想跟你过个节［M］.北京：中信出版集团，2017.

［2］胡波，胡全.循环与守望：中国传统节日文化诠释与解读［M］.广州：广东人民出版社，2015.

［3］萧涤非等.唐诗鉴赏辞典［M］.上海：上海辞书出版社，1983.

［4］夏承焘等.宋词鉴赏辞典［M］.上海：上海辞书出版社，2003.

［5］严敬群，章斯予.中国传统节日诗词荟萃［M］.北京：金盾出版社，2014.

［6］胡朴安.中华全国风俗志［M］.上海：上海科学技术文献出版社，2011.

［7］刘歆.西京杂记［M］.贵阳：贵州人民出版社，1993.

［8］张华.荆楚岁时记［M］.武汉：湖北人民出版社，1985.